Rue de la Source, 7
(B)1435 Hévillers
www.kerditions.eu / kerditions@kerditions.eu

Ce livre a été réalisé avec le soutien de la Fédération Wallonie-Bruxelles.

Directeur de collection : Xavier Vanvaerenbergh
Illustration de couverture : Obion

ISBN : 978-2-87586-118-4
Dépôt légal : D/2015/12.437/45
Cet ouvrage a été achevé d'imprimer par Pulsio SARL, Paris, en juillet 2015.
Imprimé en UE.

Abdalaziz Alhamza, Frank Andriat, Yahia Belaskri,
Jean Claude Bologne, Vincent Engel, Fariba Hachtroudi,
Hubert Haddad, Jean Jauniaux, Françoise Lalande,
Fouad Laroui, Grégoire Polet, Ingrid Thobois,
Bernard Tirtiaux, Frédérick Tristan

Le peuple des lumières

DOUBLE JEU
ker éditions

Note de l'éditeur

L'IDÉE DE CE RECUEIL est née au lendemain des attentats de janvier 2015 dirigés contre l'équipe de *Charlie Hebdo*, à Paris. En ces jours difficiles, il m'a semblé plus que jamais nécessaire, en tant qu'éditeur, d'aider les adolescents, les enseignants, à mieux comprendre et à aborder sereinement les dossiers clés qui participent désormais tristement à notre quotidien. J'ai voulu leur donner des outils de réflexion dans l'espoir de déclencher des débats de fond, des échanges d'idées dans l'écoute et le respect de l'autre. Traiter du terrorisme, bien entendu, du fondamentalisme, religieux ou non, mais aussi de l'importance des réseaux sociaux dans ces problématiques, et de notre besoin absolu de fraternité et de liberté…

À cette fin, j'ai demandé à des écrivains que je considère comme des voix majeures de la littérature contemporaine de rédiger chacun une nouvelle consacrée à l'une de ces thématiques et qui aiderait, à travers la fiction, à les aborder sans souffrir du parasitage proverbial des slogans médiatiques.

La fiction, pour se distancier, et s'approprier ces questions, donc. Mais avec une exception, qui amorce ce recueil. Il s'agit d'une voix de terrain, celle d'un jeune Syrien qui, à travers ses multiples actions pour la liberté dans son pays, incarne aujourd'hui la résistance contre l'État islamique en Syrie aussi bien que contre le régime de Damas. Son témoignage ouvre ce livre comme un coup de poing. Une manière, si besoin en était, de rappeler l'importance et l'urgence de la lutte contre la radicalisation, du combat pour la liberté, la dignité et la justice, comme il l'écrit lui-même.

Il fallait enfin décider de l'ordre dans lequel disposer les nouvelles suivantes. J'ai souhaité éviter la facilité du classement alphabétique, qui sonnait à mes oreilles comme une démission intellectuelle dans le contexte de ce projet. Aussi ai-je décidé d'un classement subjectif, mi-thématique, mi-philosophique, qui part d'histoires poignantes et fermement ancrées dans le réel, dans l'actuel, et s'oriente ensuite progressivement vers des allégories plus englobantes, plus philosophiques et, peut-être, plus engagées.

Le lecteur en jugera !

Chronique de Raqqa

ABDALAZIZ ALHAMZA

JE M'APPELLE ABDALAZIZ ALHAMZA. Je suis né en 1991 à Raqqa, au nord-est de la Syrie. J'ai été élevé dans cette ville simple et modeste, et j'ai grandi au bord de l'Euphrate, ce fleuve biblique qui traverse et nourrit ma région depuis la nuit des temps. Ma ville est connue pour la richesse de ses terres et pour la générosité de ses gens. Chez nous, l'invité est roi. Nous sommes un peuple issu de tribus fières et enracinées dans cette région depuis des milliers d'années, depuis l'aube de la civilisation.

Ces dernières décennies, cependant, la province de Raqqa a été mise en marge et négligée par le régime syrien. Très ancienne, ma ville a vu naître et disparaître de nombreux tyrans. Elle a toujours survécu et elle survivra encore. Ces deux dernières années, un nouveau monstre a élu domicile à Raqqa. Il se nourrit du sang de ses enfants et se révèle plus effroyable de jour en jour.

Le printemps syrien

En mars 2011, les jeunes de Daraa, une ville située à 500 kilomètres de Raqqa, près de la frontière avec la Jordanie, ont, comme tous les autres Syriens, assisté derrière leurs écrans de télévision aux printemps arabes de Tunis et du Caire. Les images de la foule rassemblée sur la place de Midan el Tahrir au Caire et les revendications que les jeunes Égyptiens scandaient se sont gravées dans la tête de tous les Syriens. Les slogans qui appelaient à l'abdication des dictateurs ont résonné dans les esprits des jeunes de Daraa.

Ces enfants, ces adolescents, ne se rendaient pas compte des conséquences que de tels slogans pourraient avoir en Syrie. Alors que les adultes comprenaient qu'il valait mieux se tapir chez soi et se taire, les enfants de Daraa, innocents, spontanés et enthousiastes, ont inscrit ces slogans de liberté sur tous les murs de la ville.

Ce que les parents craignaient s'est produit : le régime syrien s'est abattu sur leurs enfants avec toute la force de son appareil répressif. Rien n'était de trop pour mater ces chants de révolte : tortures, humiliations, intimidations… Autant d'outils que le régime maîtrise à la perfection. Les parents refusèrent de laisser torturer leurs enfants. Comme une immense boule de neige que personne n'arrivait plus à arrêter et qui continuait de rouler et de grossir, une révolte populaire naquit et prit plus d'ampleur à chaque acte de répression, de torture d'enfants et d'humiliation. Elle grandissait à chaque mort, à la suite d'interminables processions de funérailles.

Cette boule de neige ne tarda pas à se transformer en boule de feu. Les événements de Daraa n'étaient que l'étincelle qui embrasa la Syrie et fit éclater la révolution syrienne pour la liberté, la dignité et la justice contre un régime criminel, aveuglé par son attachement au pouvoir absolu.

La plupart des provinces syriennes se levèrent en solidarité avec les enfants de Daraa. Ma ville, Raqqa ne tarda pas à les rejoindre. Elle fut même l'une des premières à participer au soulèvement populaire, car elle avait trouvé là une occasion d'exprimer son indignation face à la négligence et à la répression dont elle souffrait depuis des décennies.

La majorité des participants au soulèvement étaient des jeunes dont l'âge variait de seize à vingt ans. Jour après jour, mois après mois, la fréquence des manifestations augmenta dans la province de Raqqa.

Avec plusieurs de mes amis, j'ai participé aux manifestations dès la première heure. Nous ne sommes pas des héros : il nous a été très difficile de briser la barrière de la peur, cette peur qui nous hante d'aussi loin que je me souvienne, et qui avait été fermement inscrite dans nos esprits dès notre plus jeune âge. Cependant, par miracle, ensemble, nous l'avons dépassée et chassée de nos esprits. Nos gorges avaient fini par se libérer en chœur et comme un seul homme, pour entonner les chants de la dignité et de la liberté. Nous avons crié haut et fort des slogans de solidarité entre tous les Syriens. Nous avons chanté l'unité et la solidarité de notre peuple contre l'injustice et l'humiliation. Nous avons réussi à remplir les rues de notre ville de manifestations pacifiques organisées par nous, les adolescents de Raqqa.

Je ne répéterai jamais assez que notre révolution était avant tout celle de la liberté, de la justice et de la dignité. En dépit de tout ce que nous subissions, emprisonnements arbitraires, tortures, intimidations, nous avons toujours refusé d'abandonner notre mouvement pacifique. Nous avons persévéré, au mépris des conséquences. Le barrage de la peur ayant cédé, rien ne pouvait plus arrêter le déluge d'espoir des jeunes et de leurs parents qui descendaient dans les rues à la recherche de leur dignité violée depuis plus de cinquante ans.

J'ai participé à l'organisation de plusieurs manifestations, surtout avec les étudiants universitaires de Raqqa. Avec un groupe d'activistes, nous avons créé l'Union des Étudiants Libres de Raqqa. Notre mission était d'organiser des actions de protestation et des marches pacifiques dans les universités et devant les écoles.

Le 15 mars 2012, une grande manifestation fut organisée afin de marquer le premier anniversaire du mouvement révolutionnaire. À cette occasion, enragées par la masse de participants mobilisés, les forces de l'ordre décidèrent de tirer à balles réelles sur les manifestants. Il s'agissait d'hommes, de femmes et d'enfants. Tous sans armes. La police avait reçu l'ordre d'arrêter les grandes manifestations coûte que coûte, quel que soit le nombre de victimes nécessaire. Le régime se savait en danger, il mourait de peur à l'idée de se retrouver face à une situation comme celle de Midan el Tahrir, au Caire.

Cette brutalité n'a fait qu'accroître la mobilisation du peuple de Raqqa. Pendant près de vingt heures, plus de 300 000 personnes manifestèrent malgré les tirs. Trente personnes tombèrent sous les balles de la police, dont plusieurs étaient des amis proches. Leur perte renforça ma volonté de poursuivre ma lutte pacifique.

Au mois de mai 2012, alors que je terminais ma troisième année à l'université, j'ai été arrêté dans la faculté de sciences pendant une marche de solidarité avec l'université d'Alep qui avait été bombardée par les avions militaires du régime, faisant de nombreuses nouvelles victimes.

J'ai d'abord été conduit au département de la police politique avant d'être transféré au département de la police criminelle qui m'a gardé prisonnier pendant quarante jours. J'y ai été électrocuté, fouetté, frappé à coups de bâtons. J'ai été ligoté et immobilisé dans des positions insupportables.

Cette période coïncidait avec la période des examens. J'ai finalement été relâché, la peur au ventre. Leur manœuvre d'intimidation avait porté ses fruits. Pendant une semaine, je n'ai plus participé à la moindre activité révolutionnaire. Mais quand je pensais au sacrifice de mes amis morts pendant les manifestations, je retrouvais la volonté de poursuivre le mouvement, je renouais avec cet enthousiasme qui, dès les premiers jours, nous avait permis de briser la barrière de la peur.

Par la suite, je serais encore arrêté deux fois.

L'armée syrienne libre

À l'hiver 2012, une armée syrienne libre a commencé à se former dans la campagne autour de Raqqa. Elle était majoritairement constituée de déserteurs de l'armée syrienne qui s'étaient révoltés et avaient refusé de torturer des enfants ou de tirer sur des manifestants pacifiques, parmi lesquels pouvait se trouver un membre de leur famille ou un de leurs amis. C'est à partir de ce moment que l'opposition au régime a commencé à se militariser un peu partout à travers la Syrie. Jamais l'espoir des jeunes de Raqqa de se débarrasser du régime criminel qui gouvernait la Syrie n'avait été aussi grand.

Un de mes meilleurs amis a été parmi les premiers à rejoindre l'armée syrienne libre. Il a aussi été un des premiers à payer le prix ultime de son engagement pour la liberté. Quelques jours seulement se sont écoulés entre son départ et l'annonce de son décès suite à un bombardement aérien. En apprenant la nouvelle, mes amis et moi n'avons pu nous empêcher de hurler, comme des loups blessés errant dans notre quartier. Toutes nos larmes, tous nos cris, ne suffisaient pas à apaiser notre douleur et, une nouvelle fois, tout notre quartier s'éleva en une nouvelle marche de solidarité. Et une nouvelle fois, elle fut accueillie par les tirs des forces de l'ordre.

Je ne me souviens plus précisément quand ni comment, mais nous nous sommes habitués à perdre régulièrement un proche, un ami ou un frère. Il s'agissait parfois de personnes plus âgées, mais c'étaient surtout des jeunes comme nous. Tous les jours, nous refusions que leur sacrifice soit vain. C'était un cercle vicieux : chaque manifestation se terminait en bain de sang, ce qui faisait descendre toujours plus de monde dans les rues. Ce qui augmentait encore la nervosité du régime, qui paniquait et ripostait avec toujours plus de violence et de brutalité. Les caves, cellules et prisons n'en finissaient plus de se remplir et, en retour, les amis, les frères et les cousins des personnes arrêtées partaient grossir les rangs de la résistance armée. Une folle violence prenait racine dans toute la Syrie.

Les premiers mois de 2013 virent l'armée syrienne libre avancer vers les faubourgs de Raqqa. Elle contrôlait déjà de petites villes et des villages des environs et nous réclamions son entrée dans Raqqa. Nous voulions qu'elle nous libère des forces de l'ordre du régime.

Depuis le début de la révolution en Syrie, la plupart des manifestations se déroulaient après la prière du vendredi et commençaient vers midi, à la sortie des mosquées. Pourquoi à ce moment précis, alors que notre mouvement n'était pas religieux? Depuis toujours, le régime réprimait toute action politique, emprisonnait chaque voix dissidente et plantait un espion à chaque coin de rue, ne laissant aux Syriens aucun autre lieu de rassemblement possible que les mosquées.

Afin de partager les revendications et les espoirs de la révolution, les activistes à travers tout le pays avaient pris l'habitude d'associer à chaque manifestation un slogan symbolique. C'est ainsi qu'un des vendredis du mois de février 2013 fut appelé le vendredi de « la ville fière de Raqqa sur le chemin de la libération ». L'objectif: faire pression sur l'armée syrienne libre afin qu'elle accélère l'opération de libération de Raqqa.

L'armée libre ne tarda pas à répondre à l'appel: quelques jours après ce fameux vendredi, la province de Raqqa était annoncée zone libre et libérée du régime. Début mars 2013, notre province était la première à déclarer son indépendance à l'égard de l'autorité du gouvernement. Un magnifique vent de liberté soufflait sur ma ville.

Notre bonheur était sans borne. Nous avions réalisé notre rêve. Le sacrifice de nos amis, de nos frères et sœurs, de nos parents et voisins n'avait pas été vain. Dès l'annonce de la libération, nous sommes tous descendus dans les rues pour graver leurs noms sur les murs de la ville. Raqqa s'était parée des couleurs du drapeau de la révolution, rejetant pour la première fois le drapeau national, adopté par le régime au début des années 1970. Partout, c'était la fête : tous, jeunes et vieillards, hommes et femmes, scandaient des slogans de liberté, de dignité et de justice pendant que les avions du régime continuaient de bombarder la ville et de tuer des innocents.

Malgré ces bombardements, la vie reprenait un cours normal, avec un incroyable souffle de liberté. Comme si rien n'avait changé, les employés de l'administration avaient repris le travail. Les écoles et les universités avaient rouvert leurs portes. Les boulangeries n'avaient, quant à elles, jamais arrêté de produire du pain.

Pendant un bref instant, nous avons vécu l'utopie d'une ville libre. D'une vie idéale. Nous étions fiers d'être les enfants de Raqqa, que nous considérions comme la capitale de la libération syrienne.

Quelques mois plus tard, toutefois, l'ombre de Daech, l'État islamique en Irak et en Syrie, se mit à noircir ce tableau.

Daech

Avec l'apparition des combattants de Daech, le rêve pour lequel les jeunes de Raqqa avaient donné leur vie commença à s'étioler. L'espoir que nourrissaient les habitants de Raqqa de vivre libres et sans peur, de récupérer leur dignité bafouée pendant des dizaines d'années et de reconstruire un système de vie basé sur la justice, se trouvait saboté par les machinations de ce nouveau tyran. Ces combattants nous apparaissaient comme des étrangers venus de nulle part. Leurs chefs n'étaient pas syriens et la majorité de leurs rangs venait d'Irak et de la péninsule arabique. Et surtout, des musulmans du monde entier venaient faire le djihad à leurs côtés sur notre sol. C'était un phénomène inédit.

Daech n'a pas été créée pour combattre au nom de la liberté. L'organisation a commencé par des kidnappings d'activistes et de journalistes avant de s'attaquer aux chefs de l'armée syrienne libre. Ils souhaitaient asseoir leur mainmise sur notre ville, à présent qu'elle était libérée du gouvernement.

En janvier 2014, suite à des combats particulièrement meurtriers avec l'armée syrienne libre, Daech annonça sa prise de contrôle sur la totalité de la province de Raqqa.

Cela fait, Daech voulut contrôler la vie des civils. Pour ce faire, les militants commencèrent par inciter les enfants et les adolescents les plus démunis à rejoindre ses rangs en leur promettant de devenir des gardes et des combattants. Depuis lors, l'immense majorité de ces premières recrues locales a péri au combat.

Soudain, nous nous trouvions privés des choses les plus élémentaires : Daech ferma les écoles ainsi que les lieux de détente et de loisirs, y compris les aires de jeux et les foires. Les prix des bonbons et des jouets furent artificiellement gonflés afin de les rendre inaccessibles. Imaginez la souffrance de ces jeunes qui, ayant tous perdu qui un père, qui un frère, une mère ou un ami proche avec lequel ils avaient grandi, se voyaient à présent privés de la moindre source d'amusement. Sans compter que les proches encore vivants fuyaient Raqqa ou rejoignaient Daech.

Aujourd'hui, à Raqqa, plus aucun enfant n'a le loisir de vivre une vie normale. Au lieu de les voir courir derrière un ballon, on les trouve à manier des grenades. À la place des stylos et des crayons de couleurs, leurs petites mains portent des armes.

Après la prise de contrôle de Raqqa par Daech, j'avais décidé de me cacher loin de ma maison. Je devais prendre des précautions car j'étais connu comme sympathisant de l'armée syrienne libre. Je les avais accompagnés un peu partout pendant leurs combats contre Daech et je ne doutais pas de mon sort si l'organisation me mettait la main dessus. D'ailleurs, peu après leur prise de contrôle de Raqqa, ils organisèrent une descente chez moi. Heureusement, je m'étais caché chez un ami qui m'a accueilli pendant deux jours. Ensuite, j'ai emprunté la carte d'identité d'un autre ami qui me ressemblait et je me suis enfui vers la Turquie.

C'est sous la contrainte, pour sauver ma peau, que j'ai quitté ma ville, mais mon cœur est demeuré à Raqqa. C'est là que j'ai passé les plus belles années de mon existence et je fais tout pour ne pas couper les ponts avec ceux de mes amis qui ont été obligés d'y rester. Car tous n'ont pas eu le choix ni les moyens de fuir.

Avec eux, dans la clandestinité, nous avons décidé d'agir et pour ce faire, nous avons lancé un blog en anglais et en arabe sur lequel nous dénonçons ce qui se passe au quotidien à Raqqa qui, depuis, a été désignée comme la capitale de Daech en Syrie. Nous avons appelé ce site *Raqqa se fait massacrer en silence*, un titre destiné à attirer l'attention du monde et des médias sur ce que vivent nos frères et sœurs depuis l'arrivée de Daech. Notre ville s'est muée en laboratoire d'une organisation inhumaine et elle est, une fois encore, oubliée par le reste du monde.

Nous avons voulu devenir la voix de Raqqa. Une voix qui se ferait entendre par la communauté internationale. Le 17 avril 2014, lors du lancement de notre action, nous étions dix-sept activistes : treize à Raqqa et quatre à l'étranger. Très vite, nos reportages et nos articles à propos de la vie quotidienne en Syrie ont provoqué une vague de sympathie et d'intérêt dans le monde arabe.

La mission de nos membres restés en Syrie est de prendre des photos, d'enregistrer des vidéos, de transmettre rapidement les dernières nouvelles et de faire un résumé des événements du jour. Quant aux membres installés à l'étranger, ils sont chargés de rassembler ces informations et d'en faire des articles développés, de les partager au maximum et d'intervenir dans les médias étrangers.

Deux semaines à peine après le lancement de notre site, les membres de notre mouvement médiatique ont été déclarés apostats par Daech. Autrement dit, nos reportages faisaient de nous des infidèles. L'organisation appela publiquement à la mise à mort de tous les membres et sympathisants de notre mouvement à Raqqa. Le simple fait de *liker* notre page Facebook devint passible d'arrestation et de mise à mort.

Dès le premier mois de notre campagne de médiatisation, un de nos journalistes fut arrêté par Daech et abattu deux mois plus tard, sur une des places de la ville. Son nom était Al-Mu'taz Billah Ibrahim. Nous avions beau savoir ce que nous risquions, cet événement constitua un tournant. Le jour de sa mort, nous, les activistes installés à l'étranger, avons décidé de suspendre notre travail car nous ne voulions pas mettre plus d'amis en danger. Ce sont nos journalistes installés à Raqqa, ceux qui risquaient leur vie chaque jour, qui nous ont incités à poursuivre nos activités. Malgré les risques, ils trouvaient nécessaire d'informer le monde sur ce que Daech faisait subir aux gens de Raqqa.

Nous avons décidé de continuer, coûte que coûte. Nous sommes devenus la voix de Raqqa au moment où les reporters du monde entier étaient interdits d'entrée dans la ville. Avec le clavier et les caméras pour seules armes, nous représentions une réelle source d'inquiétude pour Daech à travers nos nombreuses publications qui, preuve à l'appui, révélaient à la face du monde leurs exactions contre des civils, en parfaite violation des droits de l'homme. Nous dévoilions la manière dont Daech modelait le quotidien de Raqqa et de ses habitants. Nous exposions leurs mensonges, pendant qu'ils brossaient un tableau idyllique de la vie à Raqqa afin de recruter toujours plus de fidèles et de combattants.

Bientôt, les agences de presse de la planète entière se mirent à relayer nos articles. Notre persévérance et notre conviction ont poussé les médias à nous faire confiance et à retransmettre nos reportages.

Au sein de notre groupe, personne n'a plus de vingt-six ans. Les médias nous dépeignent comme un groupe de jeunes qui bravent la mort au quotidien afin de faire parvenir la voix de leur ville partout dans le monde. Des jeunes qui ont sacrifié leurs études et leur avenir pour accomplir cette mission fondamentale.

Vers l'Allemagne

Plusieurs mois après être arrivé en Turquie, j'ai décidé de tenter ma chance en Europe, à la recherche d'un avenir meilleur. Au péril de ma vie, j'ai pris un bateau de la Turquie vers la Grèce. J'étais à la recherche d'une nouvelle vie, plus sûre, plus calme, loin des dangers qui me guettaient dans mon pays. De la Grèce, j'ai poursuivi mon voyage, d'abord à travers la France, puis en Allemagne, où je suis resté. Tout au long de ce périple, je n'ai jamais cessé de travailler avec mes amis en rédigeant des rapports et des articles, mais aussi en participant à des reportages et à des documentaires réalisés par les médias des pays que je traversais.

Depuis mon arrivée en Allemagne, j'ai continué de militer. Je trouve nécessaire que la société qui m'accueille comprenne la souffrance des miens. J'ai donc entamé un nouveau voyage afin de raconter la cause que je défends aux citoyens européens. Je voulais leur raconter l'histoire de mes amis restés à Raqqa, les sensibiliser au sort de ces jeunes qui défient la mort au quotidien, qui persévèrent dans leur lutte contre Daech. Aujourd'hui, plus d'un an après le début de notre travail médiatique, nous poursuivons la lutte, même si le bout du tunnel n'est pas encore en vue.

Pendant tous ces mois de reportages clandestins, nous avons témoigné de très nombreuses exactions, principalement vis-à-vis des enfants. Je trouve important de vous en raconter quelques-unes afin de vous montrer de quelle manière Daech recrute, forme et exploite ses combattants les plus jeunes.

Mahmoud

Dans ma ville, vivait un garçon qui se nommait Mahmoud. Il avait treize ans et passait son temps à jouer avec les enfants de son âge. Il était connu pour son intelligence et sa vivacité d'esprit. Suite à la fermeture des écoles sur les ordres de Daech, Mahmoud et ses amis n'eurent d'autre loisir que de jouer dans les rues pour tuer le temps. Ils jouaient avec des pierres ou fabriquaient des ballons avec des boîtes de conserve ou des canettes de soda. Ces enfants n'avaient plus les moyens de s'acheter des jouets ou des bonbons et la misère commençait à creuser leurs visages.

Le 15 mai 2014, par ennui autant que par curiosité, ce groupe d'enfants est entré sous une tente montée par Daech à des fins de prédication et d'appel au djihad. Ce jour-là, Mahmoud a disparu. Sans nouvelles de leur fils, ses parents se sont empressés de questionner les habitants du quartier. Sans résultat. Personne ne savait où était passé Mahmoud. Ils poursuivirent leurs recherches dans la ville sans trouver trace de leur fils.

Un jour, un proche de la famille qui avait rejoint les rangs de Daech vint leur annoncer que

Mahmoud était dans un camp d'entraînement pour enfants, dans la région de Chrakrek. Mahmoud y suivait une formation en vue de rejoindre les rangs de leurs combattants.

Cette nouvelle mit les parents hors d'eux. Ils faillirent perdre la tête face à cette catastrophe annoncée. Leur fils se dirigeait vers une mort certaine. Ils se précipitèrent vers le camp d'entraînement afin d'obtenir des nouvelles de Mahmoud. À peine arrivés, ils furent refoulés par l'émir en charge du camp. Selon lui, il n'y avait aucun enfant de ce nom chez lui. Devant l'insistance des parents, l'émir s'était fait menaçant et avait donné l'ordre aux gardiens de leur interdire l'accès au lieu.

Il ne restait plus aux parents de Mahmoud qu'un recours : leur proche, membre de Daech. Ce dernier entama une discussion avec l'émir visant à monnayer le retour de Mahmoud. L'émir exigea une somme que les parents de Mahmoud étaient incapables de verser. Ils tentèrent d'emprunter tout l'argent qu'ils pouvaient pour libérer leur fils d'une mort annoncée et finirent par obtenir gain de cause. Ils payèrent l'émir, qui libéra Mahmoud. Suite à cette aventure, les parents de Mahmoud comprirent que leur fils n'avait plus d'avenir à Raqqa. Ils savaient qu'à la moindre occasion, ils pourraient le perdre à nouveau. Ils décidèrent donc de partir ensemble vers la Turquie.

C'est en Turquie que Mahmoud et ses parents nous ont raconté leur parcours, et en particulier comment il était arrivé au camp d'entraînement. Tout avait commencé sous la tente d'appel au djihad qu'il avait visitée. C'est là que deux de ses amis l'avaient poussé à rejoindre Daech. On lui avait donné de l'argent et des bonbons, ce délice devenu inaccessible depuis la hausse des prix imposée par l'organisation dans la ville.

Au camp d'entraînement, il avait d'abord été amené à suivre des cours de charia, la loi islamique traditionnelle, revisitée par Daech, avant d'être soumis à une instruction militaire rudimentaire. Chacun avait reçu un nom de guerre et Mahmoud était devenu Abou Mouhamad. Sans la persévérance de ses parents et une bonne dose de chance, Mahmoud aurait poursuivi un entraînement militaire approfondi, en même temps que des milliers d'enfants de Raqqa, mais aussi du monde entier, arrivés avec leurs familles pour rejoindre la terre promise de Daech.

La politique de la famine

En augmentant les prix de la nourriture et en fermant les écoles, Daech pratique une double politique de la famine, à la fois alimentaire et intellectuelle. Cette stratégie se révèle efficace pour attirer des enfants rongés par la faim et l'ennui. Ces jeunes, qui n'ont nulle part où s'amuser ou étudier, finissent par fréquenter les seuls lieux d'animation qui restent : les mosquées. Toutes sont à présent contrôlées par Daech, et des imams et des cheikhs à sa solde y remplissent les crânes d'histoires terribles à propos de ceux qu'ils appellent les apostats, les non-croyants et les ennemis de Dieu. Surtout, ils insistent sur la nécessité de les combattre. En plantant dans ces cerveaux désœuvrés la graine de l'extrémisme, ils entament un processus qui transformera ces enfants en machines de guerre aveugles au service des chefs de l'organisation.

Habile, Daech paie les enfants les plus réticents au combat pour espionner leur entourage et dénoncer les activistes et les dissidents.

Les lionceaux du califat

À Raqqa, on voit fréquemment des enfants exécuter les condamnés à mort de Daech. On leur impose également de réaliser des opérations dangereuses, insensées. Chaque jour, l'organisation prive ces jeunes d'une enfance normale et les forme à devenir des criminels aptes à menacer la paix dans le monde. Ils sont le petit bois servant à allumer ct à alimenter l'incendie dont Daech menace la planète.

Les jeunes Syriens sont aujourd'hui coincés entre, d'une part, les bombardements, les missiles et les bombes à sous-munitions du gouvernement et de l'autre, l'embrigadement de Daech, qui sème dès le plus jeune âge la graine de l'extrémisme dans leur esprit. Entre ces deux incarnations du mal, les enfants de Raqqa vivent un film d'horreur dont la fin semble toujours plus lointaine.

Ainsi sont nés les lionceaux du califat, des enfants de moins de seize ans et souvent beaucoup plus jeunes qui, suite au lavage de cerveau quotidien et au savant endoctrinement de Daech, rejoignent les rangs de l'organisation par fournées de 250 à 350, raflés dans les villes de Syrie. Ces enfants, dont le crâne est bourré de l'idéologie de Daech, sont autant de bombes à retardement que les criminels de l'État islamique peuvent faire exploser à leur gré. Les camps des lionceaux sont connus pour leur rigueur. Les enfants y ont l'interdiction formelle de voir leurs parents ou d'entrer en contact avec eux.

Une fois recrutés dans ces camps, les enfants sont amenés à suivre un des deux types d'entraînement, le court ou le long. Le choix est dicté par les opérations militaires en cours.

L'option longue comporte plusieurs étapes : l'enfant intègre d'abord le camp de charia pendant quarante-cinq jours. Durant cette période, on perfectionne et finalise le travail de lavage de cerveau entamé dans les mosquées. À la fin de ce premier camp, l'enfant est totalement imprégné de la doctrine Daech. Au sortir de cette école de la haine, il suit un entraînement militaire de trois mois au cours duquel on lui apprend à manier toutes sortes d'armes légères ainsi que des grenades. Durant cet entraînement, les enfants sont affectés à des divisions spécialisées. Certains sont dirigés vers la division des opérations suicides, d'autres apprennent à fabriquer des bombes et des engins explosifs, d'autres encore sont entraînés au combat. Cette formation terminée, les enfants sont envoyés au front. Leur mission : se battre et mourir pour Daech.

L'option d'entraînement court est favorisée lorsque les combats font rage. Dans ce cas, les besoins en chair à canon de Daech l'encouragent à écourter la période que les enfants passent dans les camps. La durée du camp de charia est ainsi ramenée à vingt jours et l'entraînement militaire, à un mois. Ensuite, les enfants sont envoyés au cœur des zones de combats les plus actives. L'écrasante majorité de ces enfants trouve la mort très rapidement.

Dans tous les cas, les enfants ne sont armés que d'ignorance et de haine. On ne leur enseigne aucune méthode de survie. La plupart du temps, ils sont affectés à la confection d'engins explosifs et au transport à travers les lignes de front de la nourriture des combattants, des fournitures médicales et des munitions.

Les enfants qui intègrent les camps des lionceaux sont à ce point endoctrinés qu'ils se montrent souvent frustrés et tristes de ne pas être immédiatement admis dans les camps d'entraînement militaire. Ils savent que chez les lionceaux, ils devront encore attendre un peu avant de pouvoir participer aux combats. Un témoin direct, Mohamed Houssein, a raconté avoir vu les yeux des enfants se remplir de larmes au moment où ils apprenaient avoir été refusés au camp d'entraînement et envoyés chez les lionceaux.

Le 28 avril 2014, Daech a fait prisonniers plus de 400 soldats du régime à proximité de Raqqa. Profitant de la fin d'une période d'entraînement des lionceaux dans les environs, Daech ordonna à ces enfants d'exécuter la peine de mort par décapitation des soldats. L'enfant qui rechignait risquait de ne pas réussir sa formation et de croupir encore quelques semaines dans le camp. Tous les enfants finirent par obéir aux ordres.

Les mines

Une autre menace guette les enfants et cause de nombreuses morts depuis plusieurs mois : les mines. Le 5 mars 2015, dans le village de Mastoua, dans la région d'Ai Issa, à cinquante kilomètres au nord de Raqqa, une mine a explosé, tuant cinq enfants du village. Chacun de ces enfants était relié par des relations de cousinage. Aucun d'eux n'avait plus de huit ans…

Les cinq cousins, trois garçons et deux filles, jouaient dans les environs du village et ramassaient des champignons comme ils le faisaient chaque année. Ils essayaient de mener une vie normale, loin de la guerre qui ravage leur pays. Ils travaillaient la terre de leurs petites mains et leurs parents les observaient et s'amusaient à prendre des paris sur celui qui ramènerait le plus de champignons. Ces parents ont vécu l'horreur de voir leurs enfants exploser sous leurs yeux.

Daech avait planté ces mines lors de ses combats contre les forces gouvernementales. Personne n'avait ensuite pris la précaution de les déterrer ou de prévenir les habitants lors de leur retour au village après les affrontements.

Suite au drame de Mastoua, Daech a traité l'affaire avec désinvolture, comme à son habitude. Tout en avouant avoir planté ces mines, l'organisation a blâmé les parents qui n'avaient pas correctement surveillé leurs enfants. En haussant les épaules, le responsable local de Daech a conseillé aux parents de considérer que leurs enfants avaient été tués par un bombardement du gouvernement.

Si Daech respectait la charia, le seul fait d'avouer avoir planté ces explosifs rendrait l'organisation directement responsable de la mort de ces enfants. Car la loi islamique traditionnelle dit qu'à moins d'obtenir formellement le pardon des parents, le responsable doit leur payer le droit du sang.

Daech ne respecte pas la charia. Il s'agit d'une organisation criminelle qui a pris la religion musulmane en otage et n'a ni voulu assumer sa responsabilité, ni accepté de reconnaître la désinvolture de ses chefs et de ses combattants.

La thalassémie

Les souffrances et la misère des enfants syriens ne s'arrêtent pas là. En 2014, quarante-deux enfants de Raqqa sont morts de la thalassémie, une maladie héréditaire que l'on détecte et soigne assez facilement en temps normal. Depuis toujours, on en détecte de nombreux cas dans notre région, où les mariages consanguins sont fréquents.

Ces morts auraient pu être évitées si Daech n'empêchait pas les organisations médicales d'entrer à Raqqa et de faire leur travail. Ne recevant plus les moyens strictement nécessaires à son fonctionnement, le centre de thalassémie n'accomplit plus sa mission de prévention et d'information, si bien qu'une maladie a priori bénigne est devenue une menace majeure pour les enfants.

Épilogue

En dépit de tout ce que je viens de vous raconter, en dépit de tout ce qui se passe dans ma ville, l'espoir persiste dans les yeux des enfants meurtris de Raqqa. L'espoir d'un changement face à cette réalité tellement triste et amère. L'espoir de voir un jour la lumière poindre au bout de ce long tunnel noir. L'espoir d'un nouvel avenir.

Raqqa aura besoin de nous pour se reconstruire. Elle a besoin de nous pour revivre et pour rééduquer ses enfants.

Car je suis convaincu que les Syriens, après tout ce qu'ils ont traversé et traversent encore, sont devenus capables de réaliser l'impossible.

Traduit de l'arabe (Syrie) par D.D.L.

Rouge, la neige

FRANK ANDRIAT

Tombe la neige
Tu ne viendras pas ce soir
Tombe la neige
Tout est blanc de désespoir

Adamo

à mes amis musulmans,
avec tendresse.

CHEZ NOUS, LA NEIGE EST RARE. C'est pour cela que lorsqu'elle tombe, nous la trouvons si belle et qu'elle nous ensorcelle. Le paysage devient plus doux, en noir et blanc, plus silencieux, comme un murmure. De la fenêtre de ma chambre, je contemple les arbres alourdis de flocons. Parfois, dans l'air surpris, vole une mésange ou un moineau et, dans le ciel, passe le bruit presque irréel d'un avion en route vers le soleil. Un grand calme m'envahit et une paix immense m'irise, comme une chandelle qu'on allume dans la nuit.

Je n'ai plus qu'une envie : sortir. Aller poser mes pieds sur le doux manteau blanc et le faire craquer sous mes pas ! Pourtant, lorsque j'y vais, je me dis que c'est mal : la neige est si blanche que j'ai le sentiment de briser la pureté quand j'y enfonce mes bottines. Mais la joie et l'envie de me sentir vibrer de froid sont les plus fortes : j'ouvre la porte de la maison et je cours dans le jardin.

Il ne faut pas cinq secondes pour que tonne la grosse voix de mon père.

— Mohamed, rentre tout de suite ! Tu fais fondre la neige !

Je tourne la tête vers la fenêtre de son bureau et je repère son visage rieur. Mon père est un amour, un doux, un tendre et je sais que sa grosse voix ne doit pas me faire peur. Il m'observe, son visage s'éclaire et ses yeux s'allument. Il va me rejoindre, me dire que s'il joue avec moi, il n'arrivera pas au bout de son travail. Pourtant, il craquera lorsque je lui répondrai qu'il ne neige pas si souvent et qu'il vaut mieux en profiter. Ses livres peuvent attendre, ses articles aussi : il aura tout le temps de les écrire quand le beau manteau blanc sera fondu et sale.

Mon père est un homme immense. Il passe souvent à la télé. On lui demande son avis sur le « bien vivre ensemble » et on dit de lui qu'il est un modèle de tolérance et d'ouverture. Un spécialiste de l'islam aussi, qui connaît comme peu de gens les textes et les messages qu'ils véhiculent. J'ai douze ans et j'ai bien de la chance de vivre dans une famille paisible et aimante. Au collège, Valérie m'a affirmé que je suis un privilégié, que tous n'ont pas un père écrivain mis en lumière par les médias. Elle l'a vu au JT et elle en semble aussi fière que moi. Elle a même ajouté, avec une pointe de jalousie dans la voix : « Putain, ton père, c'est l'honneur de la France ! »

— Mohamed ! Tu as gagné ! Nous allons nous promener. Enfile tes bottines et ton manteau.

Je savais qu'il ne résisterait pas longtemps à l'appel de la neige. « Le paysage a été transformé en un tour de magie. Chaque branche est un doigt de lait, chaque tronc une robe de mariée et, de l'autre côté de la maison, dans la rue, les voitures passent au ralenti, les roues emballées dans des chaussons de coton. » C'est ma grande sœur Soraya qui parle ainsi : elle a seize ans et elle veut faire des études littéraires. Ses belles phrases font sourire mon père qui lui passe la main sur la tête en lui disant qu'elle s'exprime presque avec autant de poésie qu'une sourate du Coran.

Il est au bas des escaliers déjà, dans sa doudoune gris clair, un bonnet blanc enfoncé sur le crâne. Comment a-t-il fait pour être prêt aussi vite ? Je ne trouve pas mes bottines ! Sûr que ma mère les a encore rangées ! Mon père me demande sur un ton moqueur :

— Tu attends que la neige disparaisse ?

Soraya nous rejoint, enveloppée dans son nouvel anorak rouge, et lance :

— Je vous accompagne. Une bataille de boules de neige, Momo ?

Si notre mère était là, ce serait vraiment la fête, mais, comme Papa, elle travaille trop. En dehors de la maison, dans un hebdomadaire. Elle y tient la rubrique économique, enfin, quelque chose comme ça. Je n'ai jamais bien compris. Il paraît que je suis trop jeune.

Le soir, quand elle rentre à la maison, elle est crevée ou énervée, mais notre père la calme de sa bonne voix tranquille. Il a le don de rendre les gens heureux, d'apporter de la sérénité dans l'air. Il ne faut jamais plus d'une demi-heure pour que Maman retrouve le sourire.

— Évidemment, toi, tu bosses à domicile et tu peux te préparer un petit thé quand tu veux !

— Mais je travaille, répond-il paisiblement, et il me faut une discipline énorme pour arriver sans trop de pauses au bout de mes journées.

Cette fois, nous sommes prêts : j'ai retrouvé mes bottines dans le meuble de l'entrée, sous la tonne de paires de chaussures de ma mère !

— Prends ton bonnet et ton écharpe, Momo ! Je vais te filer une raclée de boules, lance ma sœur.

Qu'est-ce qu'elle est jolie avec ses longs cheveux noirs aux reflets moirés et ses yeux verts qu'elle a légèrement fardés ! Soraya tient beaucoup de notre père : elle dégage paix et délicatesse et, lorsqu'elle sourit, elle ressemble à la Lune qui éclaire la nuit. Au collège, mes potes disent que leurs sœurs les exaspèrent ou qu'elles sont nulles. Des filles, quoi ! Je ne peux rien leur répondre : les journées avec Soraya ressemblent un peu à un conte de fées : elles se terminent toujours bien.

Il suffit de marcher jusqu'au bout dc la rue pour atteindre la route qui mène au bois. Souvent, mon père se rend là-bas pour penser. Il raconte qu'il trouve ses meilleures idées dans le silence. « Pour pouvoir parler de la paix, il faut la vivre à l'intérieur de soi. Pour s'ouvrir à l'autre et à la différence, il est nécessaire d'écouter les blocages qui nous enferment. Pour se libérer de l'ignorance, il faut d'abord avoir l'audace d'ouvrir son cœur. » Mon père a de ces mots ! Je ne l'ai jamais vu fâché, même lorsqu'on le menace ou qu'on l'insulte. Je ne réussis pas toujours à le comprendre. À cause de l'islam d'ouverture dont il est un représentant reconnu, il s'est fait des ennemis tenaces : les extrémistes ! Pendant que les fachos le traitent de « bisounours musulman », les intégristes le considèrent comme un apostat. Tous ces dingues me filent la gerbe. Si tu n'es pas d'accord avec eux, ils te traitent de pédé et appellent à la castagne, voire au meurtre. Ils traînent dans les rues aux abords de l'école et nous apostrophent comme si nous étions de la merde. Ces jours-là, je rentre à la maison aussi stressé que ma mère qui revient de son journal et, chaque fois, mon père m'apaise. Il répète patiemment qu'il faut aller au-delà des mots durs pour atteindre les cœurs, que la violence ne conduit qu'à la violence et à la haine de l'autre.

Soraya part en avant, se baisse, confectionne une boule avec la neige du trottoir et me la lance en pleine poitrine.

— 1-0, Momo ! T'es KO !

Si elle croit que je vais me laisser faire ! Je malaxe une bonne boule et tire sans trop viser. Je la manque d'un bon demi-mètre et elle s'enfuit, un large sourire aux lèvres. Mon père rit et murmure :

— Il faut ajuster ton tir comme ta pensée, mon fils ! Si tu parles sans réfléchir, tu manques ta cible.

Celui-là ! Philosophe jusqu'au bout des doigts ! Même pendant une bataille de boules de neige. Autour de nous, les flocons, « légers comme des baisers de vent » (encore une expression de ma sœur), tombent en abondance et, sur le sol, la couche blanche s'épaissit et ralentit notre marche. C'est étonnant comme la neige peut modifier notre perception du monde ! J'ai le sentiment d'avoir soudain été téléporté ailleurs, que la France et mon quartier ont fait un saut dans le temps et dans l'espace et que, désormais, Papa, Soraya et moi sommes arrivés au pays de nulle part. Lorsque Maman rentrera tout à l'heure, elle nous cherchera partout sans nous trouver.

Nous avons atteint le bois et, ici, la neige prend une ampleur encore plus féerique. Soraya s'arrête net, observe le chemin blanc sur lequel perce un mince filet de lumière. Elle a des yeux émerveillés, elle est debout dans un rêve et elle m'a oublié. Je pourrais en profiter pour récupérer mon retard dans notre bataille de boules, mais, comme elle et mon père, je me laisse aller à la contemplation de la beauté. On s'attendrait à voir surgir le Père Noël dans son gros manteau rouge, avec ses rennes et son traîneau débordant de cadeaux ! Le silence m'envahit à l'intérieur, j'ai l'impression d'entrer dans un immense flocon qui me câline et me protège. Je comprends ce que veut dire Papa lorsqu'il parle de l'importance de faire le vide en soi pour trouver la note juste.

J'aime le regarder quand il débat à la télévision. La plupart de ses interlocuteurs s'agitent, interrompent l'autre, ne le laissent pas développer ses idées, prennent la parole sans attendre leur tour et assènent trois mille mots à la minute à leurs contradicteurs. Comme si leur bouche était une mitraillette destinée à tuer pour s'assurer d'avoir raison. Mon père, lui, reste calme, n'élève pas le ton et argumente tranquillement, souvent avec un sourire. Si on l'interrompt, il attend, ne tente pas de parler plus fort et, dans la plupart des cas, le journaliste intervient pour lui rendre la parole que l'autre, peu courtois, lui a volée. Son attitude est, paraît-il, très télégénique. Sa « cool attitude », comme dit Valérie, les phrases respectueuses qu'il a pour les autres font réfléchir les modérés, même si elles exaspèrent les autres.

Un jour, je lui ai dit que j'aimerais être aussi zen que lui et que je m'en voulais de ne pas y arriver. Il a paru attristé par ma remarque, m'a répondu que je n'avais pas à le prendre pour modèle, qu'il fallait que je reste moi-même, un adolescent avec sa fougue, ses hésitations et ses colères. Il serait bien temps, à l'âge adulte, de devenir plus tempéré. Mon père ne juge jamais l'autre : il le prend où il est et il se contente de faire un bout de chemin avec lui. Pourquoi un homme aussi tolérant reçoit-il des menaces de mort ? Certains se déchargent sur Internet, sans nuance. À cause de débordements violents sur les réseaux sociaux, la police a même parlé de le protéger.

Ce soir-là, il nous a réunis dans le salon, Maman, Soraya et moi. Il nous a demandé si nous désirions qu'il cesse de se montrer à la télé, si nous préférions une existence plus anonyme et sans doute moins dangereuse. Il ne s'inquiétait pas pour lui, mais pour nous. D'un même élan, nous avons tous les trois répondu que nous vivions en France, dans une nation démocratique et que, puisqu'il en avait le talent, il fallait qu'il participe aux débats d'idées que la société nous offrait. Ce soir-là, j'ai mieux compris la chance que nous avions de vivre dans un pays comme le mien, la chance aussi que j'avais d'avoir un père aussi brillant qui jonglait aisément avec des arguments plus fins que les thèses raccourcies et assassines du Front National.

À douze ans, on ne se pose pas ces questions-là. Dans ma famille, pourtant, je vis dans un débat permanent. Lorsque ma mère parle de son travail au journal pendant le dîner, mon père et elle n'attendent pas que nous ayons quitté la table pour entamer le débat et Soraya ne se gêne pas pour y participer. J'ai pris l'habitude de les écouter et ça m'amuse. En classe, mon copain Hugues m'a lâché que je vivais dans une famille d'intellos et qu'il fallait que je fasse gaffe si je voulais garder les pieds sur terre. Pour lui, à part les résultats du PSG, il n'y a rien de vraiment intéressant et dès qu'on réfléchit un peu, on a la tête dans les nuages. Soraya soupire lorsque je lui fais part des réflexions de mon pote et elle me demande ce qui peut bien m'attacher ainsi à ce garçon. Sa différence, sans doute. Le fait qu'avec Hugues, le Français bleu blanc rouge, je n'ai pas besoin de nuancer ma pensée comme avec les membres de ma famille. Même s'il est souvent un peu lourd, il est facile à comprendre.

Au milieu d'une partie de boules de neige, mon père pense ! Il fait des maths en calculant la trajectoire de ses tirs et leur puissance, de la philosophie en insistant sur le fait qu'il s'agit de s'amuser sans se faire mal, du français en levant les sourcils lorsque je crie « Putain ! » si je loupe Soraya. Pendant ce temps, il ne participe pas à notre jeu, se contentant de la position d'arbitre. Ça m'énerve.

— Si nous nous alliions contre lui ! dis-je à ma sœur.

— Vendu ! me répond-elle. Il va s'agir de te bouger, Papa ! T'es déjà mort !

— Deux contre un, ce n'est pas un peu lâche ? nous demande-t-il.

— Deux enfants contre un adulte aussi intelligent que toi ne feront pas le poids, rétorque Soraya.

Il sourit. Elle a gagné. Il court se protéger derrière un tronc, se baisse et, avec une rapidité qui m'étonne, confectionne plusieurs boules de neige. C'est tout lui, ça ! Il prépare son combat avant de l'entamer ! Soraya et moi sommes restés à découvert et il n'a aucun mal à faire mouche dès les premiers tirs.

— Repli, repli ! me lance Soraya. Notre ennemi est machiavélique.

Elle utilise de ces mots ! Je la suis en courant derrière un arbre ; tout à coup, je glisse et me retrouve sur les fesses trois mètres plus bas.

— Mohamed, pas de mal ? tonne la grosse voix protectrice de mon père.

— Ça roule !

Il rit. Dès qu'il a cru que je m'étais blessé, il était prêt à courir vers moi, oubliant notre combat acharné. Je me relève, rejoins ma sœur derrière le hêtre et crie :

— Rendez-vous ! Vous êtes cerné.

Papa nous répond par deux boules qui manquent de peu le tronc qui nous protège. Où a-t-il appris à viser aussi bien, l'intello ? Nous échangeons encore quelques salves, mais ce n'est pas drôle si nous ne sommes pas à découvert. Soraya me chuchote « À l'attaque, moussaillon ! » et, sans attendre, nous déboulons dans l'espace ouvert. Notre course rapide surprend notre père à court de boules de neige. Cool ! Nous nous jetons sur lui dans un grand éclat de rire.

Est-ce à cette seconde que l'air a tremblé et qu'il s'est déchiré dans un claquement sec dont je n'ai pas tout de suite compris l'origine ? Le rire de Papa s'est éteint d'un coup et son visage s'est figé. J'ai vu ses yeux se fermer et sa bouche s'ouvrir, comme s'il cherchait son souffle. Il est subitement devenu très lourd et il nous a entraînés dans sa chute.

Soraya a été la première à comprendre et à réagir. Un deuxième coup de feu a claqué pendant qu'elle hurlait :

— Couche-toi, Momo ! Couche-toi !

Son anorak rouge devait être une cible parfaite. Elle est tombée sur moi comme une branche qui se brise sous le poids de la neige. J'ai senti son sang chaud sur ma joue, comme une larme atomique. Je ne pouvais pas bouger, pas prononcer un mot, pas penser. Pétrifié de douleur et d'horreur. Au-delà de tous les possibles.

Quelques secondes plus tard, j'ai entendu des pas dans la neige. Mon visage était couvert du sang de Soraya et c'est ce qui m'a sauvé. Une voix a retenti.

— T'as eu les deux mômes d'un seul coup, mon frère ! Chapeau !

— Je t'avais dit que j'étais un chef.

— Le vieux aussi a son compte. Fusil à lunette, ça ne pardonne pas. Il ne défendra plus un Coran pour les Français. Allahou Akbar !

L'un des deux a proposé de nous balancer une dernière salve.

— Ces mécréants ne valent pas plus de deux balles ! a répondu l'autre voix.

Ils ont ri et leurs pas se sont éloignés. Dans le silence de la mort, j'ai entendu une voiture démarrer en trombe. Tout semblait se passer loin de moi, quelque part au creux d'une chute de neige.

pureté dans le paysage. Et ce silence qui apaise et que Papa aimait tant. Il est mort en riant, à côté de ses enfants, à l'endroit même où il se réfugiait pour réfléchir à des phrases d'ouverture et de paix.

Tout à l'heure, bravant l'hiver et les sanglots de ma mère, je suis sorti dans le jardin avec une escabelle. J'avais enfilé mon bonnet, ma doudoune et mes gants pour ne pas prendre froid, comme mon père l'aurait voulu. Boule après boule, j'ai confectionné un immense bonhomme de neige. J'aurais voulu qu'il atteigne le ciel ! Ensuite, malgré les larmes qui coulaient sur mes joues, je lui ai dessiné un sourire sur le visage : mon bonhomme tout neuf, c'est mon Papa qui rit. Comme nous tous, il est éphémère, mais il est vivant et pur comme les flocons d'amour qui parsèment les versets du Coran.

Othman, le héros

Françoise Lalande

DANS SIX MILLE HUIT CENTS JOURS, Othman sera un héros à Paris.

En attendant cet instant, il vit dans son pays. Un pays de poussière et de soleil. Un pays de rires bruyants et de larmes secrètes. Un pays de pauvreté et de guerres. Un pays dangereux.

Sa mère lui répète sans arrêt : « Qu'Allah te protège ! » car il est inconscient des dangers. Vivre est dangereux. Vivre dans son pays est encore plus dangereux qu'ailleurs. La mère regarde Othman. Elle le regarde, mais personne ne peut affirmer qu'elle s'adresse à lui, qu'elle le voit vraiment, car ses yeux sont fatigués, tellement brûlés par le soleil qu'ils paraissent décolorés et qu'on ne sait jamais sur quelle personne ils se sont arrêtés. Othman espère que ce soit sur lui. Il aime cette parole qui le protège.

Il observe sa mère. Quel est son regard en ce moment? Gentil? Méchant? C'est un regard de mère inquiète.

Il s'amuse dans le sable devant leur maison de tôle et de bois. Il risque de commettre une bêtise, mais il ne le sait pas. Un petit enfant ne sait pas cela.

Sa mère veut l'éduquer correctement; aussi, dès qu'il commet une bêtise, vlan!, il reçoit un coup sur les mains, et sa mère hurle : « Tu fais des bêtises ! ». Dans ces moments-là, sa mère a une voix aiguë, il entend qu'elle est fâchée, il devine surtout qu'elle a eu très peur pour lui.

Il ne bouge plus, il regarde sa « bêtise » : sur le sol, un scorpion se tient immobile, à quelques centimètres de ses pieds nus, le dard de la queue dressé comme une virgule d'écailles.

Il a essayé d'écraser le scorpion de son talon, crac!, vilaine bête!, mais le scorpion a échappé au talon et se tient à présent sur la défensive, prêt à lancer son venin dans les pieds de ce méchant petit enfant.

C'est cela, la vie. Le plus fort écrase le plus faible. Il suffit de regarder comment cela se passe dans la nature: le plus gros mange le plus petit. Oui, en général, c'est comme cela que ça se passe, mais, c'est vrai, parfois, on a des surprises.

La mère a vu son fils et le scorpion. Elle a entendu le rire de son fils. Le scorpion est secoué de tremblements furieux devant le petit garçon qui s'apprête à l'écraser.

Alors la mère a hurlé : « Qu'Allah te protège ! » avant de tirer l'enfant à elle. Elle l'a saisi par un bras, elle l'a soulevé du sol comme un paquet de linge, hop !, elle l'a fait passer par-dessus le scorpion.

Après, tout le monde est resté immobile : l'enfant, la mère et le scorpion.

Plus tard, à l'âge de quatorze ans, Othman se rappellera la scène au scorpion. En un éclair, il reverra la fuite rapide de l'animal, sa danse effrénée sur le sable afin d'échapper à celui qui voulait le tuer. Il y pensera en se disant que lui et sa mère auraient dû faire comme le scorpion, fuir à toute vitesse, courir se cacher, pour échapper à ceux qui déboulaient au village, à bord de camions rouillés, et qui n'étaient pas des amis.

Les vieilles carcasses des véhicules traînaient derrière elles une odeur d'huile brûlée qui avait soulevé le cœur des villageois.

Les voyous aux camions hurlaient, les villageois restaient muets, hébétés de terreur.

Puis, tous étaient restés immobiles : les voyous, les villageois, la mère.

Un silence de mort.

Tout à coup, les voyous se sont rués vers les jeunes garçons du village, ils les attrapaient facilement, comme un iguane attrape facilement les mouches en déroulant sa langue de sa gueule ouverte. Eux, les voyous couraient derrière les jeunes garçons et les ramenaient sous leurs bras, emprisonnés comme pour un jeu, mais ce n'était pas un jeu, ils étaient féroces et sans pitié.

Toutes les mères hurlaient, la mère d'Othman avec les autres, elles savaient leurs garçons perdus. Elles savaient que dans certains villages, les voyous avaient obligé les enfants, devenus soldats, à tuer leurs propres parents.

Bientôt, la mère d'Othman fut la seule à crier. Ce fut la dernière fois qu'Othman entendit la voix de sa mère.

Les voyous, irrités par cette femme qui dénonçait leurs rapts et en appelait à Allah, la réduisirent au silence, selon leurs très particulières méthodes.

Othman, terrorisé, ne bougeait pas. Il regardait sa mère, étendue sur le sol. Poussière et sang.

Ce fut la dernière fois.

Il pensa à ce qu'elle lui répétait sans cesse : « Qu'Allah te protège ! ». Il pensa qu'Allah avait oublié de protéger sa mère. Mais c'était une pensée impie, sa mère n'aurait pas aimé cette pensée. Hé bien, tant pis ! Il avait pensé cela, tandis que montait en lui une colère nouvelle.

Une colère qui allait le sauver.

Il ne pleurait pas comme les autres jeunes du village, il tremblait comme eux, mais ce n'était pas de peur, non, c'était de colère. Comme le scorpion, il était furieux et comme lui, il se sauverait.

Dans les camions qui les amenaient loin de leur village, les garçons se serraient les uns contre les autres. Othman, lui, attendait l'occasion de s'échapper.

Ils roulèrent longtemps, si bien que la plupart des jeunes victimes s'étaient endormies. Leurs corps fragiles tremblaient, livrés à la moiteur de la nuit.

Les voyous arrêtèrent enfin leurs camions. Ils étaient loin du village, leurs proies ne pourraient jamais retrouver le chemin de leurs familles.

Les jeunes garçons furent poussés hors des camions, grappes de corps à moitié endormis, gestes hésitants, yeux fatigués.

Othman pensa que le moment de s'échapper était venu. Il faisait nuit noire, les voyous semblaient eux-mêmes fatigués, moins vigilants. Ils s'apprêtaient à mener les enfants vers un hangar. Ils prenaient tout leur temps : l'air de la nuit était si doux !

Othman profita du désordre pour se cacher derrière un des camions. Les voyous poussaient les garçons devant eux. Ils ne virent pas Othman se glisser comme un serpent silencieux vers la végétation qui bordait la route.

Les voyous avaient-ils compté les prisonniers ? Allaient-ils s'apercevoir qu'il en manquait un ? Othman s'en moquait : il courait sans faire le moindre bruit entre les broussailles, il n'était pas encore sauvé, mais bientôt il le serait, son cœur en feu, sa gorge sèche lui disaient qu'il s'était mis dans un danger terrible, mais qu'il allait réussir, qu'il allait vivre.

Comment cinq années plus tard, il s'était retrouvé à Paris, cela, c'est son secret. Il n'a rien expliqué, à personne, surtout pas à ceux dont la curiosité insistante l'inquiétait. Rien ! À personne ! Jamais il ne raconterait ses souffrances, ses terreurs, ses larmes.

Il était à Paris et si rien n'était oublié, surtout pas la scène au scorpion, il ne livrerait rien de son passé. Il était à Paris et il avait trouvé du travail. Sa mère aurait été fière de lui. Cela seul comptait.

Une épicerie juive l'avait embauché. Othman était reconnaissant envers le gérant de l'avoir pris comme manutentionnaire. Bien sûr, ses papiers n'étaient pas en ordre et Othman redoutait toujours les contrôles de police. Mais jusqu'à présent, tout se passait bien pour lui.

Il avait appris que le mot « casher », c'était un peu comme le mot « halal ». Il avait découvert que les juifs mangeaient casher, comme les musulmans mangeaient halal, ils évitaient les uns et les autres d'avaler certaines nourritures interdites par leur religion.

Il travaillait bien, rangeait les caisses dans les sous-sols, entretenait les salles, tout était bien propre et bien rangé grâce à lui.

Un jour, un grand type, africain comme lui, a pénétré dans l'épicerie, il portait des armes, il ressemblait aux voyous qui avaient pillé et tué dans son village. Il sut que cet homme était mauvais. L'individu venait d'abattre un homme, puis un deuxième. Il allait tuer tout le monde. Othman, dissimulé derrière les rangées de vin, pensa aux clients dans l'épicerie, qui tentaient désespérément de se cacher. Le terroriste ordonnait, criait, menaçait. Othman, en mettant un doigt sur ses lèvres, fit comprendre à des femmes, à leurs enfants, à des hommes de le suivre en silence.

Il les mena jusqu'à la chambre froide. Au sous-sol. Othman leur chuchota de rester là, sans bouger, de lui faire confiance. Il referma la porte de la chambre froide derrière lui. Avant de sortir, il avait éteint la réfrigération.

Puis, il se glissa jusqu'à la sortie. Un miracle que le voyou ne le vît pas ! Oui, Allah voulait que lui, Othman le musulman, sauve les clients de l'épicerie casher !

Mais à la sortie, les choses tournèrent mal pour lui.

Des policiers, les fameux policiers des groupes d'intervention spéciale, virent un Africain sortir de l'épicerie et se jetèrent sur lui : « Bouge pas ! », « Si tu fais un geste, t'es mort ! ».

Les policiers avaient leur visage dissimulé sous une cagoule. Othman, qui aimait regarder les films de guerre à la télévision, n'en fut pas effrayé. Il lui semblait que les policiers étaient plus nerveux que lui. Il osa sourire. Les policiers crurent à une provocation. Ils le secouèrent un peu, le temps (trois heures !) de comprendre qu'Othman était le commis de l'épicerie, qu'il n'était pas le complice du terroriste, qu'il avait caché des clients dans une chambre froide et, surtout, qu'il apportait la clé du volet qui fermait l'épicerie. Othman l'Africain était désormais Othman le héros !

Les hommes et les femmes qui suivaient à la télévision le déroulement des opérations, porte de Vincennes, assistèrent à l'assaut des policiers, ils virent le volet de l'épicerie se lever, ils furent soulagés de voir les otages sortir en courant, dos baissés, se réfugier dans les bras des policiers.

Après le soulagement du dénouement, resta le sentiment de vivre dans un monde horrible jusqu'à l'absurde. Mais le dévouement héroïque d'Othman permettait d'espérer encore en la bonté des hommes.

Parmi les otages tués par le terroriste, il y avait Yoav, venu acheter une bouteille de vin pour un mariage. Ce jeune juif se trouvait en Tunisie, les jours qui suivirent le départ du dictateur Ben Ali. Au restaurant « Mamie Lily », dans le quartier de la Goulette, on peut voir une photo de lui avec le drapeau tunisien autour de son corps. Sur une autre photo, un autre jeune brandit une pancarte sur laquelle chacun peut lire : « musulmans, juifs, chrétiens, on est tous Tunisiens ! »

Tous humains.

*

Récit librement inspiré par la prise d'otages dans l'épicerie casher, porte de Vincennes, le 9 janvier 2015, et terminé fin mars en Tunisie, après l'attentat terroriste au Musée du Bardo, le 18 mars 2015.

L'homme-au-dieu-inconnu

JEAN CLAUDE BOLOGNE

À L'ATTROUPEMENT, on devinait de loin où il s'était installé ce jour-là. Même si, le plus souvent, il s'asseyait devant le palais du calife, l'homme-au-dieu-inconnu pouvait s'arrêter sur toutes les places, au cœur des cinq enceintes de Cordoue. Le bruit s'en répandait aussitôt de quartier en quartier. Il arrivait de bon matin, s'adossait à un mur, le regard droit devant lui, et d'un claquement des lèvres, annonçait le commencement du spectacle. Lui ne bougerait plus de la journée, mais ses petits compagnons savants occupaient aussitôt la place. Le singe jongleur faisait rire les gamins aux larmes ; le perroquet impertinent faisait sourire leurs parents. L'homme se taisait et ne faisait pas un geste : le singe était ses mains, le perroquet était sa langue. Personne ne le regardait : on finissait par l'oublier.

L'oiseau commandait les tours les plus incroyables, que le sapajou accomplissait avec adresse. Il savait danser, faire des grimaces, imiter tous les animaux de l'arche, nourrir son maître à la cuiller quand midi approchait, verser de l'eau dans un verre sans en renverser une goutte et exécuter mille pitreries sur un rythme endiablé. Il ne s'arrêtait pas une seconde, sautait sur tout ce qui était posé à terre, s'accrochait à tout ce qui pendait en l'air : les yeux des spectateurs parvenaient à peine à le suivre. Il se laissait docilement injurier par l'oiseau qui commentait sa performance en bonimenteur inspiré, mais se permettait parfois un geste du doigt sur la tempe qui faisait s'esclaffer l'assistance. La complicité entre les deux animaux faisait oublier l'indifférence totale de leur maître, immobile comme une statue de cire. Sa barbe rousse, sa peau blanche et ses yeux clairs avaient d'abord suscité la curiosité de la foule, sinon l'effroi des plus crédules, car c'est ainsi qu'on s'imaginait le diable, mais on avait fini par s'y habituer. On ne s'interrogeait pas plus sur ses mains serrées dans des bandelettes, été comme hiver, qu'il cachait le plus souvent dans les plis de sa tunique. Le perroquet juché sur son épaule, il semblait un prolongement du mur, une sorte de perchoir naturel d'où le volatile agité jetait ses ordres à son comparse.

Comme clou du spectacle, le singe jonglait avec trois anneaux si parfaits qu'ils paraissaient identiques. Et pourtant, assurait le perroquet avec une dignité d'instituteur, deux d'entre eux étaient la copie du troisième, et le paradis serait promis à celui qui parviendrait à le désigner, l'enfer à celui qui se tromperait dans son choix ! Les badauds se regardaient, surpris, méfiants, séduits. Chaque jour, plusieurs d'entre eux tentaient l'expérience : on ne sait jamais, le paradis n'est pas assuré, et on ne risquait rien à essayer… Mais aucun, après avoir examiné les trois anneaux, n'osait émettre un avis. S'il se trompait, irait-il vraiment en enfer ? C'était un jeu, bien sûr, mais… on ne sait jamais. Le singe frappait alors sa tempe en fixant le candidat tout penaud et reprenait ses tours comme si l'incident était clos : les plaisanteries pleuvaient sur le pauvre homme et les *fulus* de cuivre dans la soucoupe du montreur.

On l'appelait l'homme-au-dieu-inconnu, car personne n'aurait imaginé qu'il puisse ne pas en adorer au moins un. Mais le vendredi, il ne fréquentait pas la mosquée, ni le samedi la synagogue, ni le dimanche l'église. Comme cela ne gênait personne, et qu'on le savait protégé par le calife, on ne s'interrogeait pas davantage. Il respectait la foi des autres, c'est tout ce qu'on lui demandait ; chacun respecterait la sienne, quelle qu'elle soit, pourvu qu'il s'acquitte de l'impôt exigé des non musulmans. Pourtant, l'homme avait bien un dieu qu'il adorait sans un geste et sans une prière : c'était sa peur. Il ne l'aurait avoué pour rien au monde, mais c'est à elle qu'il sacrifiait sa vie, ses paroles, ses actes : n'était-ce pas cela, adorer un dieu ? Oui, même quand on n'a pas la foi, on peut être tout entier dévoué à un sentiment absolu, l'amour, l'art, la fierté patriotique, ou la peur.

L'homme-qui-adorait-la-peur était né dans les lointains pays du nord, où des peines sévères frappaient ceux qui se moquaient de la religion. Tout bas, sans qu'il les entende, les habitants de Cordoue s'interrogeaient sur lui. Certains murmuraient que ses mains emmitouflées cachaient la trace de supplices barbares, que sa bouche fermée avait subi d'atroces mutilations. On le regardait alors d'un air apitoyé en hochant la tête. L'étranger détestait croiser la pitié dans les regards, il ne comprenait pas ce qui la motivait, mais il se taisait.

Car tout cela était faux. De pareilles tortures n'existaient alors que dans l'imagination des Cordouans. Dans son pays, il n'y avait pas besoin de condamner l'incroyance : l'hostilité publique suffisait à maintenir chacun dans le respect de la religion. L'insensé seul croit qu'il n'y a pas de Dieu, disent les livres chrétiens : celui qui se serait risqué à la critique aurait été traité de fou, tenu à l'écart et méprisé par ses amis comme par ses parents. Et c'est bien cela qui lui était arrivé. Tout petit déjà, notre homme ne pouvait s'empêcher de railler tout ce qui lui semblait sacré : l'amitié, la famille, l'esprit de clocher, la guerre, et même la religion. C'était plus fort que lui. Ses mains étaient attirées par le sacrilège, sa langue par le blasphème. Tant qu'il était enfant, il s'en tirait avec une tape amicale que démentait un sourire vite réprimé. Il avait l'impression d'un jeu secret qui faisait rire les voisins sous cape, mais qu'il ne devait pas reproduire devant le curé de la paroisse. Plus on le lui interdisait, plus il avait envie de narguer le religieux.

Puis il avait grandi, les tapes affectueuses étaient devenues réprimandes, puis menaces. Les voisins ne souriaient plus, les parents fronçaient les sourcils. Alors, dès qu'il avait senti l'hostilité dresser un mur de silence autour de lui, il avait choisi d'enfermer ses mains dans des bandes étroitement serrées et de cadenasser sa langue dans sa bouche. Il avait confié au singe et au perroquet les gestes et la parole. Il avait marché, de plus en plus loin, dans des pays de plus en plus hostiles, et avait échoué à Cordoue. Sous le calife Al-Hakam, elle passait pour un refuge contre l'intolérance : juifs, musulmans et chrétiens y vivaient côte à côte. Mais toute tolérance a ses limites, et l'étranger restait prudent. Malgré la protection du calife, il n'avait pas osé rendre la liberté à sa langue ni à ses mains. C'était un homme jeune encore. À défaut d'amour, il avait besoin de sentir la chaleur humaine. Il aimait la complicité de la foule qui s'agglutinait autour de ses animaux. Il n'aurait jamais risqué de perdre cette sympathie spontanée pour une mauvaise plaisanterie qui aurait échappé à ses lèvres ou à ses mains.

Alors, il se taisait et se fondait au mur. Les deux petits compagnons avaient plus de liberté : c'étaient des animaux, et on ne pouvait leur tenir rigueur des moqueries dont ils ne se privaient pas. Partout ailleurs, elles auraient semblé sacrilèges. On dit même que le perroquet, dans ses entretiens privés avec le calife, lui conseillait les meilleurs livres chrétiens qui enrichiraient sa formidable bibliothèque. Al-Hakam était lettré, et le perroquet fin raisonneur : les mauvaises langues prétendaient qu'à plusieurs reprises, le volatile l'emporta dans des discussions théologiques très pointues. Mais on disait tant de choses, et le palais était bien protégé. Qui sait ce que venaient y faire l'inconnu et ses comparses ? Dans le regard du calife passait parfois la même expression de pitié que détestait plus encore l'inconnu. C'était l'oiseau, et non l'homme, que le calife regardait avec respect. Et un peu de crainte, tout de même, car un perroquet théologien, ce n'était pas banal, et sans doute pas très normal !

Un matin, la ville se réveilla dans l'émoi. Les livres les plus sacrés de la mosquée avaient été saccagés : une main sacrilège avait déchiré toutes les miniatures représentant le prophète.

La fenêtre de la bibliothèque était pourtant si étroite qu'un enfant même n'aurait pu y passer. Aussi accusa-t-on aussitôt le sapajou facétieux, que sa taille et sa souplesse désignaient pour ce crime. Aucune preuve ne fut produite : qu'aurait-on pu trouver ? L'indignation fut suffisante pour que le montreur et ses animaux soient amenés à la mosquée par les plus zélés des fidèles. L'imam fulmina, harangua la foule et exigea un procès. Le petit singe n'arrangea pas ses affaires en tapotant sa tempe de l'index à chaque phrase, tandis que le perroquet invitait vertement au silence. Mais à qui s'adressait-il en des termes aussi orduriers ? Au sapajou, au religieux, aux fidèles ? Les deux animaux furent copieusement injuriés et molestés, puis traînés devant le *cadi*, le juge de la ville. Celui-ci fixa une date au procès du singe et ordonna d'emprisonner jusque-là le montreur et ses effrontés complices. Un long dépouillement des archives était en effet nécessaire pour savoir comment juger un animal !

Le calife lui-même tenta en vain d'intervenir en faveur du singe. Toute la ville s'était émue de son sort. Qu'allait devenir l'inconnu si on le privait de ses mains ? Et qui ferait rire les enfants, tous les matins ? N'allait-on pas sombrer dans le ridicule en condamnant un animal qui n'avait pas sa raison ? Mais il était trop tard : les religieux et le *cadi* ne pouvaient plus annuler le procès sans perdre eux-mêmes la face.

Le procès rassembla toute la ville et le calife y assista en personne. La foule débordait sur la place et les rues avoisinantes. Une assemblée de religieux assistait le *cadi*, qui se sentait mal à l'aise. On fit entrer l'étranger, son singe sur les bras et l'oiseau sur l'épaule. Il s'assit contre le mur, et très vite sa robe blanche se fondit à la paroi blanche. On ne voyait plus que les deux animaux. Le perroquet choisit de défendre lui-même son ami. Il se lança dans une brillante plaidoirie que l'homme-au-dieu-inconnu semblait ne pas entendre. La représentation du prophète, pérorait l'oiseau, était suspecte d'idolâtrie : par conséquent, le singe aurait commis non pas un sacrilège, mais un acte de piété en déchirant les miniatures. L'argument fit rire le public, mais les religieux restèrent graves et le *cadi* perplexe. Le culte des images avait déjà déchiré le monde occidental, juif, chrétien et musulman. Il ne fallait pas prendre de telles accusations à la légère. Allait-on interdire ici aussi de représenter le prophète ? Juge et imams se concertèrent longuement avant de rendre leur verdict.

« Nous ne savons pas quel miracle a donné à l'oiseau la raison avec la parole, commença le *cadi*, mais son discours n'est pas d'inspiration humaine. Allah le Très Haut (*Gloire à lui, il s'est élevé par-dessus tout*) a parlé par son bec. Nous ordonnons que toutes les représentations du Prophète (*Dieu le bénisse et le salue dans la Paix*) soient désormais détruites et que la mort punisse celui qui à l'avenir aura l'audace de Le représenter, *inch Allah*. »

Tous se regardèrent avec stupéfaction. Jusque-là, dans la ville, les fidèles se moquaient pourtant des chrétiens grecs, qui avaient ordonné de détruire toutes les images ! La corporation des miniaturistes s'effraya de son avenir. Et le calife pensait à sa précieuse bibliothèque qui allait se trouver mutilée. Mais si Dieu avait parlé par la bouche de l'oiseau, si les religieux avaient entendu son message, que pouvait-on faire ? La foule se tut, le calife baissa la tête, le sapajou regarda sa queue et le perroquet ferma son bec. Pourtant, les deux animaux avaient gagné, le singe était acquitté, acclamé : ils auraient dû s'en réjouir ! Le *cadi* ordonnait leur libération immédiate. Alors, pourquoi semblaient-ils accablés par la décision prise en leur faveur, et sur leurs propres arguments ? Peut-être avaient-ils compris que désormais, rien ne pouvait plus être innocent : pour la première fois de leur vie, leurs plaisanteries avaient été prises au sérieux.

C'est alors que se produisit un événement stupéfiant. L'homme-au-dieu-inconnu, qui était resté à côté de son perroquet et de son sapajou, se leva, ôta ses bandelettes et découvrit ses mains intactes, quoique décharnées par des années d'inaction. Il tendit un doigt à l'oiseau, qui s'y posa docilement. Et l'homme se mit à parler. À la surprise de l'assistance, qui le croyait muet ; à la confusion de l'oiseau, qui ouvrait et fermait le bec sans pouvoir articuler un son. La voix était rauque, mais s'assouplit peu à peu, et les plus attentifs en reconnurent les intonations chantantes.

« Le perroquet a menti, commença l'homme. Et je vous ai trompés. Je ne suis pas muet, et l'oiseau ne parle pas. Je suis ventriloque, et je lui ai appris à ouvrir et fermer le bec au rythme de mes mots. Et j'ai appris au singe tous les tours qu'il connaît. C'est lui, c'est vrai, qui a déchiré les portraits du prophète, mais sur mon ordre, et parce que je lui ai longuement appris à le reconnaître. Je croyais m'en tirer par le petit discours que j'ai soufflé à l'oiseau, qui aurait mis les rieurs de mon côté, et d'une certaine manière, j'ai eu raison, puisque le singe a été acquitté. Moi qui ai toujours eu tort, moi qui ne me suis jamais soucié de mes paroles, voilà que j'avais raison ! »

Le perroquet avait cessé d'agiter le bec. Il paraissait vexé de n'avoir plus la parole et regardait le plafond comme si tout cela ne le concernait pas. Le public avait cessé de rire. Le silence des religieux était lourd de menaces. Le *cadi* les regardait d'un air inquiet.

« Non, aucun dieu n'a inspiré mes paroles, reprit l'étranger. Ne croyez pas qu'il faille détruire les images et mettre à mort les miniaturistes : aucun dieu n'a jamais prétendu cela. Si c'est cela qui doit résulter de mes propos, je préfère subir seul le châtiment des sacrilèges et des blasphémateurs. Cordouans, vous êtes un peuple sage. Ne laissez pas interdire les images. Si le jour devait venir où l'on assassine les artistes, vous devriez, comme moi, mettre des bandes sur vos mains et un cadenas sur vos lèvres. »

Il se rassit. Dans les yeux du calife, pour la première fois, il lut une immense impuissance, et un profond respect.

L'amour sans le pardon

VINCENT ENGEL

MON FILS,

Ta dernière lettre m'est bien arrivée et m'a causé une fois encore beaucoup de chagrin. Tu me demandes de ne pas t'écrire cela, mais que veux-tu, je suis ta mère, je suis une pauvre et simple femme. Je n'ai pas appris grand-chose, sauf à aimer mes enfants et à souffrir quand ils souffrent ou quand ils font le mal.

Tu as fait le mal, mon fils, et tu souffres. Même si tu dis le contraire. Même si tu dis que le mal que tu as commis, ce n'était pas de ta faute, mais de la nôtre, de celle du monde dans lequel tu vivais alors. Même si tu clames que désormais, la foi te sauve et qu'Allah te protège. Est-ce qu'Allah, béni soit-Il, accepte que tu fasses ainsi souffrir ta mère ? Je ne peux pas le croire.

Je sais, je suis une femme, une simple femme. Sans instruction. Je sais quand même écrire, mon fils, et lire. Et calculer. Et réfléchir, avec ma tête et mon cœur. Surtout mon cœur. Toi, tu ne réfléchis plus qu'avec ta tête. Même si tu invoques toujours le cœur de ta foi. Mais ta foi n'a pas de cœur, elle est froide comme un poignard, mon fils.

Tu ne me demandes pas de nouvelles de nous. Je t'en donnerai quand même. Ton père est une ombre grise qui soupire dans le salon, devant une télévision qu'il ne regarde plus. Quand on annonce un attentat en Irak ou en Syrie, il plisse les yeux et je devine des larmes qui salissent ses paupières. Je devine ton prénom sur ses lèvres, et des malédictions. Tes sœurs n'osent plus prononcer ce prénom devant lui, moi non plus. C'est le seul moment où il semble revivre. Et il ne vit plus que pour te maudire, mon fils. Dis-moi, où as-tu lu dans le Coran que l'on devait aimer le Tout-Puissant au détriment de son propre père ? Et ne me réponds pas en citant une sourate qui prouverait que j'ai tort et que tu as raison : je finirais par rejeter la religion de nos ancêtres, à cause de ce que des gens comme toi en auront fait.

Je ne dois pas laisser ma colère me contrôler, mon fils. « Lorsque l'un de vous se met en colère, qu'il se taise », dit le Prophète. Il conseille aussi de s'asseoir, de rire ou de se réfugier en Dieu. Je suis assise et je n'ai pas envie de rire. Reste le refuge en Dieu… ou le silence. C'est la même chose, sans doute. En tout cas pour des gens comme toi. Je ne peux pas me taire, et le refuge en Dieu m'effraie, parce que tu as colonisé ce lieu qui devrait être une oasis de paix.

Tu n'étais pas religieux quand tu étais jeune. Ton père était triste ; s'il avait su ! Tu le suivais de mauvaise grâce à la mosquée. Tu parlais de la société dans laquelle nous avions choisi de vivre et tu la saluais, guérie des bondieuseries, comme tu disais, des superstitions. Pour un peu, tu nous traitais d'arriérés, de sous-développés. Tu n'avais pas besoin de Dieu ni de nos traditions pour réussir.

Et tu as réussi. Réussi à devenir un bandit, un assassin. Je sais, mon fils, tu n'aimes pas quand je t'appelle par ton nouveau nom, celui que tu as inscrit en lettres rouges dans le livre des morts. Te prends-tu pour l'ange de la mort ? Il n'est là que pour recueillir les âmes et les conduire auprès d'Allah, pas pour déterminer le terme de la vie. Cette décision n'appartient qu'à Dieu, mon fils. Je sais que tu ne me répondras pas que tu te prends pour Allah : tu n'ignores pas que ce serait un crime qui te condamnerait aux yeux de tes nouveaux amis. Mais, comme eux, tu triches et tu oses affirmer que telle est Sa volonté : faire de Ses fidèles des assassins.

Crois-moi, mon fils, nulle infidélité ne mérite la mort. C'est ta mère qui te le dit, et le Prophète l'a répété : une mère est l'être que l'on doit respecter plus que tout autre. Et puis, c'est la mère. Ensuite, la mère encore. Ensuite, la mère toujours. Seulement après, le père. Et le Prophète a dit aussi : « Le paradis est sous les pieds des mères ». Les mères d'Islam, aujourd'hui, foulent trop souvent de leurs pieds les cimetières où gisent leurs fils et leurs victimes. Et je te le dis, mon fils, sous nos pieds, c'est l'enfer. Allah ne récompense pas les assassins, Allah n'accorde rien à ceux qui ont fait souffrir leur mère, rien à ceux qui ne l'ont pas respectée. Et quand l'homme vicieux est loué, le Trône de Dieu est ébranlé et Sa colère est terrible. Quand Allah est en colère, Il ne se tait pas, mon fils. Il ne rit pas davantage. Redoute Sa colère, mon fils, si mes paroles sont impuissantes à te ramener à la raison et à l'amour.

Tu m'écris que tu as changé en prison. Je le sais. J'aurais aimé que tu n'aies pas à changer, que tu restes le petit garçon que j'ai tant aimé. Tu m'as écrit un jour que mon amour pour toi te tuerait. C'est toi qui m'as tuée, avec ces mots. Comment peux-tu imaginer que l'amour d'une mère puisse tuer ce qu'elle a de plus cher au monde ? Peut-être dans les livres malsains que tu lis, maintenant, dans ta cellule. Tu m'écris que tu y passes tes journées à étudier le Coran et les livres saints, à apprendre l'arabe sur lequel tu as si longtemps craché. Tu nous traitais d'arriérés, quand ton père et moi parlions dans cette langue. Tu nous disais : « Ce n'est pas une langue, c'est du crachat ! » Tu ne voulais pas qu'on parle autre chose que français à la maison. Interdiction, quand tu étais là, de mettre une chaîne de télévision arabe. Quand des amis arrivaient et que nous parlions arabe, tu fuyais. Et maintenant, regarde : tu ne parles français qu'avec les gardiens de la prison. Si je dois te croire, tes rêves, désormais, sont en arabe. J'ai du mal à croire que tu puisses rêver, en prison, après ce que tu as fait. Des rêves qui ne soient pas des cauchemars.

Je ne connais pas ta cellule, mon fils, je n'ai jamais eu le droit d'y pénétrer. Quand je viens te voir, tu m'attends dans une pièce étroite et sombre. Nous sommes deux, plus le gardien qui sait se faire oublier. Lui, il a une mère et il la respecte. Je le sais, je le vois dans ses yeux. Il a pitié de moi, mon fils. Tu te rends compte qu'à cause de toi, des gardiens de prison ont pitié de ta mère ? J'imagine ce qu'ils pensent : une pauvre bonne femme, obligée de traverser la France pour rendre visite à un fils qui ne lui adresse qu'à peine la parole. Une mère qui lui parle d'un père resté prostré dans son fauteuil, le fauteuil où il espérait couler une vieillesse paisible avec un fils aimant qui veillerait sur ses jours. Tes sœurs font ce qu'elles peuvent, mais ton père comptait sur son fils, c'est comme ça, les hommes ne font vraiment confiance qu'aux hommes et c'est pour ça qu'ils sont si souvent déçus, et c'est pour ça aussi qu'ils sont tellement décevants.

J'essaie d'imaginer cette chambre. Je me sers de celle que tu as laissée vide ici. Nous n'y avons pas touché, ton père l'a interdit, et pourtant, tu sais que nous manquons de place. Tes sœurs dorment ensemble, comme quand elles étaient petites. Ton père ne cherche même plus à les marier. À cause de toi, quel mari peuvent-elles espérer ? Un autre assassin, un compagnon que tu aurais rencontré dans cette prison ? Elles font des études. Je leur souhaite de nous quitter, à leur tour, mais pour être heureuses et libres. Elles rencontreront quelqu'un, peut-être pas un musulman, mais qu'importe désormais ? Puisse Allah les préserver d'avoir un fils qui deviendrait l'homme que tu es. Puisse Allah leur offrir un fils qui reste comme l'enfant que tu étais.

Ta cellule, donc. Qu'as-tu mis sur les murs ? Tu me l'as écrit, cela aussi tu me l'as dit : des versets du Coran. Sinon, rien. Des étagères pour tes livres et tes cassettes d'apprentissage. Dieu est grand et ta cellule est petite, Dieu est lumière et ton âme est ténèbres. Dieu est amour et tu n'es que haine.

Même si tes paroles sont de miel. Les gardiens me l'ont dit : la plupart du temps, tu es doux, paisible, courtois. Au début, ils s'y laissaient prendre. Mais tu leur as montré ta vraie nature à plusieurs reprises. Ils savent désormais ce qui couve sous cette façade.

Comment puis-je faire, mon fils, pour te ramener à ta vie ? À ta vérité ? Seule une mère pourrait tenter ce miracle : ramener son fils au seuil de la vie, le réenfanter. Non. Seul Dieu le pourrait, et pourquoi le ferait-Il pour un homme qui a cru pouvoir décider du sort d'un autre ?

Après avoir vomi notre culture, mon fils, tu vomis le pays qui nous accueille. Alors que tu moquais notre attachement aux traditions et aux souvenirs du pays, tu ne parles plus que des liens qui t'attachent à un monde que tu ne connais que par des livres. Si tu avais commis ton crime dans ce pays-là, mon fils, tu serais mort aujourd'hui. C'est la France qui te maintient en vie. Et songe, dans ta grande honte, que ta mère doit louer la France d'avoir épargné son fils assassin, de n'avoir pas vengé tes victimes dans le sang que tu appelles avec tant de complaisance sur la tête des autres. Je sais qu'en écrivant cela, je te fais mal ; je devine les mots de rage que tu me répondras. Que tu ne m'enverras pas, peut-être ; tu déchireras les feuilles comme si elles étaient mon corps. Et tu plongeras dans la prière. Loue l'infinie patience d'Allah, qui supporte que des assassins L'invoquent et appellent Sa grâce, et croient qu'Il leur répond et leur donne raison ! Moi, je ne pourrais pas, mon fils.

Ou peut-être le pourrais-je. Comme je puis continuer à t'écrire, à lire tes rares lettres. Quel espoir insensé m'agite encore ? Je n'ai qu'à contempler la chose molle et grise qu'est devenu ton père pour me rendre compte que cette chance que je te laisse, c'est une injure à ceux que tu as fait souffrir.

J'ai montré ta dernière lettre à l'imam. Celle où tu parles de cet ange qui te visite. L'imam est un saint homme, il a longtemps caressé sa barbe avant de me répondre. Je lui ai dit : « Si vous devez me dire que mon fils est fou, soyez tranquille, je le sais. » Il a souri tristement. Il m'a parlé des anges que le Prophète a évoqués, du rôle que le Tout-Puissant leur assigne, des liens qu'ils entretiennent parfois avec nous. J'ai compris entre les mots que les anges ne te parleront plus jamais, mon fils. Quand tu me parles de ce visiteur, ou tu me mens, ou tu délires. Ou l'on te trompe. J'aimerais croire en cette dernière solution, qui ferait de toi une victime. Mais je sais que je dois l'écarter. Même si le Coran accorde le pardon à celui qui se repent. Tu ne t'es jamais repenti.

Écoute ta mère, mon fils : personne ne te rend visite ainsi que tu le décris dans ta dernière lettre. Les seuls qui peuvent entrer dans ta cellule sont les gardiens et les autres détenus. Quand tu n'es pas en quartier de haute sécurité. Personne ne vient s'asseoir sur ton lit pour te parler de ta vie, de Dieu et du Prophète. Personne ne vient t'encourager à mener le djihad. Le vrai djihad, mon fils, c'est en toi que tu dois le mener. Tu es ton seul, tu es ton pire ennemi.

Cela m'épuise de t'écrire, mon fils. Mais ne plus te parler me tuerait. Même si tu étais mort, je continuerais à te parler. Je t'ai enfanté par la chair, je te maintiens en vie par mon souffle. Contre ton gré, je le sais. Mais tu ne peux rien contre ma volonté. Quand tu sortiras – si tu sors jamais –, je poursuivrai, je te parlerai encore. Je t'aiderai à renouer avec ta vie, parce que même si je t'en veux, même si je ressens envers toi autant de colère que d'amour, tu restes mon fils. Non, ce n'est pas exactement cela : tu es la prison de mon fils. Toi, le prisonnier, le criminel, tu as enfermé le fils que j'ai aimé et que j'aime toujours. C'est celui-là que j'espère, c'est à lui que je m'adresse à travers toi. Mais je ne pourrai le retrouver que si mes paroles te touchent. Alors, je te parle, mon fils. Je te parle de mon fils. D'un enfant de quatre ans qui riait, qui embrassait sa mère comme le plus précieux des trésors. Qui mangeait des loukoums en dessinant des rayons de soleil avec ses doigts pleins de sucre. Dont le sourire était le soleil de cette banlieue grise, le souvenir de l'Algérie que j'ai dû quitter et que je traîne avec moi.

Quand tu sortiras, je t'emmènerai là-bas, même si les fous de Dieu, tes frères de sang, ont aussi dénaturé mon pays, même s'ils en ont fait un repaire de barbares. Je veux retrouver le soleil, les montagnes sèches, l'haleine fraîche de la mer. Les parfums des fleurs, des plats mijotés, du thé. Des gens. C'est là que mon fils ressuscitera, qu'il sortira de ta prison. Parce que je t'ai offert la vie, mais il me reste encore à t'offrir la paix, mon fils. La paix avec toi, avec les tiens. Avec le monde. Tu parles d'un Dieu qui n'existe pas, tu parles à un Dieu qui n'est qu'un diable imposteur. Allah ne veut pas ce que tu vises. Ni Allah, ni le Prophète, ni Abraham, ni Isaac, ni Ismaël, ni Jésus. Ils veulent des enfants de quatre ans qui rient sous le soleil et qui grandissent dans l'insouciance de l'amour. La pauvreté, là-bas, n'est pas un poids aussi lourd qu'ici. La vraie misère, mon fils, c'est ton père qui se confond dans le faux cuir de son fauteuil, c'est le visage résigné et défait de tes sœurs privées de leur vie, de leur bonheur. C'est ta mère qui consacre tout son temps libre à t'écrire, à essayer de te sauver de toi.

Et toi, tu me parles de tes folies, de tes chimères, de tes délires ! Mon fils, la colère revient, tu n'as pas le droit... Je m'assieds, j'essaie de sourire. Je songe à l'Algérie de mon enfance, je t'imagine, enfant, dans ces rues mangées de soleil.

Je respire profondément. Je vais bientôt devoir interrompre cette lettre. La glisser dans une enveloppe et la poster. Tes sœurs vont rentrer, ton père va commencer à s'impatienter. La faim est la seule chose qui le tire de son fauteuil. Je vais préparer le repas. En mettant la table, comme tous les soirs, machinalement, je mettrai ton assiette, puis la retirerai avant que ton père arrive. Pendant que nous mangerons en silence, je t'imaginerai dans ta cellule, face à ton repas solitaire.

Puis, je rangerai, je traînerai un peu, pour retarder la confrontation avec la pesanteur de notre nuit.

Mais demain matin, dès l'aube, mon fils, je reviendrai à ce bureau pour t'écrire. Jusqu'au jour où tu répondras, enfin, ce que j'espère tant...

L'eucalyptus de Noël

FOUAD LAROUI

LE DIMANCHE MATIN, dès le lever du jour, nous sautions du lit, mes deux sœurs, mon frère et moi, riant et criant d'excitation. Ma mère nous versait chacun une tasse de lait chaud et nous donnait un coup de peigne. Nous mettions nos plus beaux habits et nous descendions les escaliers quatre à quatre en poussant des cris d'Indiens. Alignés au bord du trottoir en nous tenant par la main (promesse faite aux parents), nous fixions au loin le point poussiéreux d'où *ils* allaient venir.

Nous attendions les Américains.

La camionnette apparaissait bientôt, brinquebalante, enveloppée d'une fumée âcre. Arrivée à notre hauteur, elle s'arrêtait dans un long crissement de pneus et Tobias, le géant jovial à barbe blanche, nous faisait signe de monter. Nous rejoignions dans le ventre du véhicule une douzaine d'enfants tout aussi excités que nous. Alma et Ann, les deux filles de Tobias, s'efforçaient de maintenir un semblant d'ordre sans jamais taper sur personne, ce qui nous semblait assez incongru. À vrai dire, on ne les prenait pas trop au sérieux, l'Ann et l'Alma, les deux grandes blondes, costaudes comme des blédards des Doukkala et qui pourtant ne cognaient point. Personne ne défuncta jamais dans leur camionnette, c'est dire…

Quand Tobias avait fait le plein de mômes, il écrasait le champignon et bientôt, nous étions à la campagne, hors la ville et sa misère. D'abord, c'était des terres jaunes et brûlées, des enfers de rien, des déserts de caillasse où seule la silhouette désolée d'un âne ou d'un mulet attestait la présence de l'homme. Puis nous arrivions dans une sorte de plaine où – miracle – l'herbe poussait et l'eau n'était pas un mirage. Au cœur de la vallée, entourée d'arbres et lactescente, se nichait la ferme de Tobias. Sa femme, qui guettait l'arrivée de la camionnette, s'empressait d'ouvrir la grille. Nous étions arrivés.

Tobias et Ann, qui était l'aînée, emmenaient une partie des enfants sous un préau. Les plus petits – j'étais du nombre – étaient dirigés vers une sorte de vaste grange, de l'autre côté de la cour. Nous nous asseyions à même le sol, sur une bâche verte. Debout devant nous, un livre à la main, Alma attendait que tout le monde fût assis. Puis elle nous racontait des histoires dans un français chantant traversé par tous les vents du Texas. Nous la regardions, fascinés. Elle bougeait sans cesse, agitait les bras, courait d'un bout à l'autre de la grange en simulant la colère d'un sale type nommé Pharaon. Sa belle poitrine au roulis doux nous donnait le mal de mer quand les Hébreux traversaient la grande flaque. Que d'histoires, mon Dieu… Heureusement qu'il y avait les images, sinon on n'y aurait pas compris grand-chose. De temps à autre, Alma déroulait une sorte de toile qui montrait une scène idyllique ou terrifiante, des agneaux broutant doux ou des villes se tordant sous des déluges de feu. Parfois c'était des portraits assez réussis. Alma disait d'un ton solennel, en pointant du doigt :

— Lui, c'est Joseph. Et lui, c'est Moïse.

Moïse portait la barbe, comme mon grand-père. Sur d'autres images, les femmes portaient un voile fin sur leurs longs cheveux noirs – comme ma mère.

Après une demi-heure, Alma s'arrêtait, un sourire extasié aux lèvres, rejetait ses longs cheveux blonds dans son dos et nous regardait posément, l'un après l'autre. Quand je serai grand, je me marierai avec Alma. Pensait chacun des vingt petits garçons. Sans se douter qu'il avait dix-neuf rivaux redoutables.

Notre fiancée tapait dans les mains, signal convenu qui nous faisait sauter en l'air comme autant de chats maigres et nous cavalions hors de la grange en hurlant de joie, car nous savions que la femme de Tobias – du diable si j'ai jamais su son nom – avait entre-temps dressé une immense table au centre de la cour. Sur la nappe se pressait une profusion de limonades de toutes les couleurs, de gâteaux, de pâtisseries américaines. C'était Byzance pas loin du Rif, c'était cette fameuse terre promise dont Alma nous avait fait la pub, c'était l'Amérique. Nous nous empiffrions, sur nos joues dégoulinaient des jus épais venus d'incroyables Florides. Tobias et sa tribu renonçaient à mettre de l'ordre dans le saccage de leur cour devenue pays de Cocagne, paradis des bâfreries enfantines, Canaan *hic et nunc*...

Aujourd'hui encore, j'ai du mal à me débarrasser de ce préjugé ancré dans mon âme d'enfant : que les Américains, ce sont des gens qui te racontent des histoires pendant une demi-heure puis t'offrent une limonade pour faire passer.

Repus, rassasiés, nous allions jouer dans cet immense terrain d'aventure qu'était la ferme de Tobias. Les plus casse-cou montaient sur des poneys. Les autres jouaient au ballon ou à la balançoire ou tâchaient d'attraper de vilaines petites bêtes pour leur faire de vilaines choses. Vers la fin de l'après-midi, Ann et Alma, un peu fatiguées, nous enfournaient presto dans la camionnette et Tobias nous reconduisait à la ville. Chacun descendait devant sa maison.

*

— Alors, qu'est-ce qu'ils vous ont raconté, les Américains ?

— Y avait un type dans un poisson…

— Un gros poisson !

— Même qu'il est pas mort ! Le type, pas le poisson !

Le père rit sous cape, il simule la stupéfaction.

— C'était pas plutôt le poisson qui était dans le bonhomme ?

— Mais non, mais non, regarde.

La fille cadette, qui a le don, s'empare d'un crayon et d'une feuille blanche. Elle dessine avec application. Une belle baleine apparaît avec un type à barbe blanche qui sourit derrière les fanons.

Le père :

— Ah ! Ah ! Il s'agit de l'histoire de Younes, un des grands prophètes de l'Islam.

— Alma a dit Jonas.

— C'est la même chose. Jonas, Younes.

Un autre jour, les enfants s'époumonent à raconter au père l'histoire de Moïse. J'imagine ce dialogue, la nuit tombée, entre père et mère :

— Qu'est-ce qu'ils leur ont raconté, cette fois-ci ?

— L'histoire de *sidna* Moussa. Celle qui est dans la sourate *Taha* du Coran.

— Dieu bénisse ces Américains.

*

Noël approche, Alma est de plus en plus belle (Ann aussi, sans doute, mais qui la regarde ? L'amour me rend aveugle.) Les Américains nous racontent Noël en montrant de grandes planches où l'on voit un bœuf et un âne, ce qui fait rire les petits garçons et les petites filles : les Américains sont des nigauds, ils ignorent que l'âne est très bête et qu'on ne parle pas de l'âne sur un ton sérieux. C'est pourtant le ton qu'ont pris Alma dans la grange et Tobias et Ann sous le préau. Ils en font tant que nous finissons par prendre au sérieux cette histoire de paille, de bêtes et de bébé. Nous voilà bien pensifs dans la camionnette du retour.

Ma mère pétrissait la pâte qui ferait dans quelques heures ce pain si chaud et si odorant au sortir du four.

— Maman, le père Noël, c'est un Américain ?

Elle me regarde, réfléchit, continue de pétrir.

— Quand j'avais ton âge, j'ai vu des soldats américains traverser Casablanca. Par hasard, je me trouvais dans le quartier juif. Les juives sortaient dans la rue, folles de joie. Elles dansaient et chantaient : « Les Américains sont arrivés !

Les Américains sont arrivés ! » Les soldats nous jetaient des *chewing-gums* et des plaques de chocolat.

— C'étaient les mêmes Américains que Tobias et Alma ?

— Oui, mais il y en avait qui étaient tout noirs. Noir noir ! C'était incroyable.

Tout cela m'intéresse peu.

— Maman, est-ce qu'on va fêter Noël ?

Mon grand-père, qui habite chez nous, n'a rien perdu de la conversation, assis qu'il est sur un tabouret, au milieu de la cuisine. Il se gratte le haut du crâne en me regardant avec inquiétude. Le lendemain, il croise la voisine, une Française, dans l'escalier.

— Dites-moi, Madame Mercier, c'est quoi exactement, Noël ?

La bonne dame sourit.

— Nous fêtons la naissance de Jésus.

— Excellente idée, approuve mon grand-père, en hochant gravement la tête.

— Jésus, vous l'appelez Issa, n'est-ce pas ?

— *Sidna* Issa, Madame Mercier. *Sidna* cela veut dire Notre Seigneur.

— Vraiment ? Eh bien, Noël, c'est la fête de votre Seigneur Issa.

*

Le grand-père expose sa théorie de l'éducation :

— Il ne faut jamais priver les enfants de plaisirs innocents et qui ne coûtent rien.

Les enfants réclament un arbre de Noël? Le père s'en chargera. Sous les yeux émerveillés des quatre mômes, un végétal mal défini s'en vient occuper le centre du salon, dressé dans un seau rempli de terre. La porte étant restée ouverte, le voisin, le *hadj* Fatmi, s'invite parce qu'il a humé de son étage l'odeur d'une *harira* à damner les saints. Il reste sur le pas de la porte, un peu méfiant.

— C'est quoi cette espèce de branche de marronnier, là?

On lui explique 1) que ce n'est pas une branche de marronnier 2) que c'est une branche d'eucalyptus 3) que chut! il ne faut rien dire aux enfants, qui croient que c'est une branche de sapin, et même un sapin tout entier. Le voisin est tout content d'avoir compris l'astuce, il entre dans le jeu des adultes avec force clignements d'yeux. Il nous montre la chose du doigt et hurle, les yeux exorbités:

— Le sapin! Le beau sapin! C'est un sapin! Sa-pin!

Il en fait tellement qu'on commence à se demander si on ne s'est pas fait avoir. Nous nous regardons tous les quatre, inquiets. Sur ces entrefaites le fils du *hadj* Fatmi débarque, alléché lui aussi par l'odeur de la *harira* qui a envahi tout l'immeuble. Mis au courant, ce grand échalas boutonneux ne peut résister au plaisir d'étaler sa science et de ruiner nos rêves.

— Peuh ! Ce n'est pas du sapin, ça, c'est de l'eucalyptus.

Je tire le pan de la chemise de mon père et chuchote :

— Papa, c'est quoi un *calyptus* ?

Le père est très embêté. Il a la religion de la science, il veut que ses enfants apprennent tout et d'ordinaire il ne raterait pas une si belle occasion d'expliquer de long en large l'histoire de l'eucalyptus (introduit au Maroc vers 1935 par les Français, etc.). De là, il serait passé au koala et, carrément, à l'Australie. Mais peut-il participer au saccage de nos illusions en confirmant la terrible révélation du fils Fatmi ? Doit-il mentir ? Finalement, tout se passe très bien. Nous nous moquons de la métamorphose de notre sapin en *calyptus*, après tout, nous n'avons jamais vu de sapin, n'importe quel arbre fait l'affaire. L'important, c'est Noël. À ce propos…

— On a appris une chanson ! On a appris une chanson !

Les adultes se taisent et font cercle. Nous voilà tous les quatre alignés, de la plus grande au plus petit, les mains jointes derrière le dos, le ventre un peu en avant. Nous entonnons de toutes nos maigres forces :

— *Mon beau sapin / Roi des forêts…*

On s'arrête comme on a commencé : en chœur. On a tous oublié la suite. Qu'est-ce qui lui arrive à ce satané sapin ? Il tombe, il brûle, il s'envole dans les airs ? Dans le doute, on y va de notre goualante une deuxième fois :

— *Mon beau sapin / Roi des forêts…*

Rien à faire, ça n'embraye pas. On ne sait plus. Nous baissons la tête. Généreuse, l'assistance applaudit au lieu de nous huer (le fils Fatmi ricane) et nous allons cacher notre honte dans les coussins ou derrière un livre d'images.

Tout se gâte quand le cousin Abdelwahab, un ténébreux coriace qui loge chez nous, revient du travail. Il sursaute :

— Y a un arbre dans le salon !

On lui explique que les enfants fêtent Noël.

— C'est une coutume de chrétiens, ronchonne-t-il. On n'est pas des chrétiens, quand même.

Pendant un quart d'heure, il jette des coups d'œil furieux à la branche d'eucalyptus, qui ne lui a pourtant rien fait. Puis il explose :

— Ou l'arbre sort, ou je sors !

Éclat de rire général. Il répète, furieux :

— Je le jure devant Dieu : c'est l'arbre ou c'est moi !

On se rend compte que le cousin ne plaisante pas. Il a juré devant Dieu. Il n'allait pas rater une si belle occasion de prouver qu'il est plus dévot que toi et toi et elle et même lui, là-bas. Le voilà qui s'adresse au *pater familias* :

— Tu veux faire de tes enfants des petits chrétiens ?

Sentant un flottement généralisé, il arrache la branche du seau et s'en va la déposer, comme un héros, sur le palier. Les enfants pleurnichent un coup puis, la *harira* étant enfin servie, tout le monde se désintéresse de la question. Tout le monde, sauf moi. Personne ne s'aperçoit que je sors furtivement, après le dîner, au lieu d'aller dans ma chambre.

*

Me voilà à coltiner une grosse branche d'eucalyptus à travers les rues de la ville. Des types louches soupçonnent qu'il y a de l'argent à gagner dans cette nouvelle activité et se mettent à me suivre en me posant toutes sortes de questions. Hé, p'tit gars ! C'est quoi ce bout d'arbre qui dépasse de derrière ton épaule ? Tu roules pour qui ? Pour M'chich le milliardaire ? Qu'est-ce qu'il a encore inventé, ce diable de M'chich ? À qui tu vas livrer la branche ? Hé, on te parle ! Réponds, maudit morveux !

Comme je ne desserre pas les dents, les louches s'énervent. L'un d'eux s'enhardit et m'arrache le fardeau, ce qui m'envoie valdinguer dans le caniveau. Le voleur examine soigneusement son butin. Ses complices font cercle, attentifs. Au bout d'une dizaine de minutes, lassés de regarder une branche qui n'a pas l'air de vouloir se transformer en rameau d'or, les brigands s'en vont et je récupère mon eucalyptus. En route !

Je croise Samuel et Thierry au moment où ils sortent du cinéma Royal Calypso.

— Qu'est-ce tu fais avec cette branche ? me demandent mes condisciples.

Je leur explique qu'il s'agit d'un sapin de Noël (enfin, presque) et que je vais l'enterrer dans le parc. Pour rien au monde je ne leur avouerais deux choses : j'ai osé parler à Alma ! Mais n'ayant rien à lui dire, j'ai bredouillé : « Ma'moiselle, qu'est-ce qu'ils font les gens de l'arbre de Noël après Noël ? » Et très sérieusement, pendant que je me noyais dans le bleu profond de ses yeux, Alma m'a répondu :

— Ils vont dans la forêt et ils le replantent.

Je fais passer cela pour un fait bien connu, une tradition que nul n'est censé ignorer. Intéressés, Samuel et Thierry proposent de m'accompagner. Pas loin d'un grand bâtiment blanc (des années plus tard, j'apprendrais qu'il s'agissait d'une prison), nous trouvons de la terre suffisamment meuble pour y planter la branche. Samuel et Thierry sortent toutes sortes de bonbons et de chocolats de leurs poches et nous faisons bombance sous l'eucalyptus. Mais à propos, ils doivent avoir un vrai sapin chez eux, mes deux commensaux ?

— Nous, on est juifs, dit Samuel, on fête pas Noël.

— Mon papa, il est communiste, dit fièrement Thierry.

— Ça veut dire quoi, *communisse* ?

— Ça veut dire qu'on fête pas Noël.

Puisqu'il en est ainsi, nous redoublons d'entrain sous l'eucalyptus et les bonbons n'en sont que meilleurs. Une aubaine : Thierry connaît par cœur *Mon beau sapin, roi des forêts*. Il nous en apprend les paroles et nous faisons chorus. Puis, on se raconte les uns les autres l'histoire de Moïse, celle de Joseph, celle de la baleine. Marrant ! Ces histoires, on les connaît toutes, nous autres, Samuel le fils de Jacob, Thierry le fils de communiste et moi, fils de mon père. Petit à petit, les étoiles s'allument et au loin, les miradors de la prison. Il va falloir songer à rentrer.

*

Il y a quelques années, je suis revenu dans la ville de mon enfance. Je suis allé me promener dans le quartier où j'ai grandi. La prison où tant d'hommes s'étaient étiolés se dresse toujours là, non loin du fleuve, mais il paraît qu'on n'y enferme plus les poètes ni les écrivains. Où sont, aujourd'hui, Samuel et Thierry? Partis tous les deux, sans doute… Thierry serait allé faire ses études en France et y aurait fait sa vie, avec parfois la nostalgie du soleil marocain. Où était Samuel? Ses parents parlaient autrefois du Québec comme d'une terre promise… Qu'étaient devenus Tobias et sa femme, et Ann et Alma, ma chère Alma? Peut-être les avait-on forcés à quitter le pays, à la suite d'une plainte ou d'une dénonciation…

Près de la courbe du fleuve, là où je m'étais autrefois assis avec Thierry et Samuel, un arbre solitaire se dressait. Était-ce un eucalyptus ? Notre branche avait-elle fleuri ? Je me suis mis à rire en pensant à ce qui avait été le plus étrange Noël de ma vie.

Le plus beau.

Le seul, d'ailleurs.

Le destin des hommes

Yahia Belaskri

C'EST EN 1846, à l'âge de vingt-sept ans, que j'ai épousé Agathe, une jeune Espagnole qui vivait dans la ville de Sebdou, proche de la frontière avec le royaume du Maroc. Elle s'y était installée avec ses parents huit ans plus tôt. Suite à une épidémie de typhus, son père était décédé et elle s'était retrouvée seule avec sa mère, une femme courageuse qui tenait un étal de tissus au marché. C'est au bord de la rivière que je l'avais rencontrée.

— Bonjour, jeune demoiselle !

Elle s'était retournée, surprise :

— Qui êtes-vous ?

— El Hadj, je suis de la tribu des Fils du Jour. Nomade, fils de nomade, je vis ici et là, entre le désert et les hauts plateaux, en fonction de la nature et du climat, à la recherche du sens de la vie. Et lorsqu'une source d'eau émerge sur le chemin, je pose pied avant de repartir encore et toujours.

— Vous ne vous arrêtez jamais ?

— Lorsque je rencontre un regard ou un sourire comme les vôtres, l'arrêt est une bénédiction. Lorsque le cœur est conquis, je continue vers d'autres cieux.

Nos rencontres se sont succédé. Un jour, je suis arrivé dans son dos et lui ai déclamé un poème :

Mon cœur est brûlé
Par mon ardeur pour la gazelle attrayante
Ses charmes sont beaux et gracieux
On ne lui voit en ce temps que peu de pareilles.

— Merci, El Hadj. J'aime ce chant que j'entends souvent dans les fêtes. Je le trouve très beau.

— C'est vous la plus belle, H'jira.

— H'jira ?

— C'est ainsi que nous nommons l'agate ici, une pierre précieuse. Alors, je vous appelle H'jira, une pierre précieuse que je veux conquérir.

— Comme il vous plaira, mon cher El Hadj.

— M'épouserez-vous ?

— C'est mon désir, El Hadj, mais ce sera difficile : la guerre, votre famille… Qui acceptera un tel mariage ?

— Ma famille ne s'y opposera pas, je saurai convaincre mon père.

— Et la guerre ? La situation de ton peuple ?

— La guerre est finie, nous avons été vaincus, H'jira. Il ne reste qu'un espoir, celui que l'Émir Abdelkader, qui conduit la résistance contre l'occupant français, conquière quelque territoire où nous pourrons vivre libres. Sinon, je vous emmènerai loin d'ici, sur une terre clémente où je ne serai pas asservi ni humilié. Où vous serez acceptée et respectée. Je ferai ce qu'il faut pour vous aimer et vous protéger.

— El Hadj, j'irai où nous conduiront vos pas.

— H'jira, je me ferais catholique pour vous.

— Et moi, j'embrasserai l'islam pour vous suivre.

Malgré l'opposition de mon père et quelques anciens de la tribu qui ne voulaient pas d'un mariage avec une chrétienne, j'ai fini par l'épouser après qu'elle se fut convertie à notre religion.

Le mois de décembre 1847 est largement entamé quand se répand la nouvelle de la reddition de l'Émir. De bouche à oreille, de cri en chuchotement, de plainte en malédiction, d'une ville à l'autre, d'un campement au suivant, l'annonce ricoche sur les lèvres, trace des sillons sur les visages, creuse des gouffres dans les ventres, soulève les cœurs, accable les hommes. En ce jour funeste, les nuages qui obscurcissent le ciel déversent pluie et grêle, gonflent les oueds, transforment la terre en boue, les petites retenues d'eau en marécages. Le tonnerre gronde, la foudre fauche les arbres et détruit les toits des maisons, les chevaux s'emballent dans les haras, le bétail s'affole, les sentiers se perdent, les animaux se terrent, les hommes s'abîment. Dans les maisons et sous les tentes, les larmes des femmes rivalisent avec les mines stupéfaites des hommes, sous le regard hébété des enfants. C'est un jour de deuil pour tous, la fin d'illusions qui se voulaient rêves et ambitions. Pour eux, après dix-sept ans de combat acharné contre l'occupant pour la reconquête de la dignité piétinée, la fin de l'Émir signe le début d'une longue et éprouvante éclipse. Peu de gens imaginent alors ce que sera l'avenir et peu y survivront. En ces heures sinistres, le ciel et la terre se sont ligués pour fouler les espoirs et enterrer les certitudes.

Deux années plus tard, je décidai de prendre le chemin de l'exil vers le Hedjaz[1], avec mon épouse H'jira et mes deux frères. Nous avons traversé toutes les provinces de notre chère patrie Al Djazaïr avant de nous enfoncer vers la Régence de Tunis, puis le désert libyen de Barqah et du Fezzan que les Français appelaient alors la Cyrénaïque. Enfin, nous sommes arrivés en Égypte avant de traverser la mer Rouge.

---

1 Région occidentale de l'actuelle Arabie Saoudite, où se trouve notamment la ville sainte de La Mecque.

Plus d'an et demi après notre départ, en mai 1851, nous sommes arrivés à La Mecque. Nous y avons vécu cinq années et c'est là que sont nés deux de nos enfants, Meriem et Aïcha. Vers la fin de l'année 1855, la nouvelle parvint aux portes de la mosquée : l'Émir Abdelkader, le Djazaïri, le chef qui s'était rendu à la France, venait de s'installer à Damas. Nous avons immédiatement décidé de rallier la ville afin d'être proches de lui. En décembre 1856, nous voilà à nouveau sur les routes, traversant Médine, puis le désert d'Arabie, avant d'arriver trois mois plus tard à Damas. Quelle ville ! Nous étions ébahis devant tant de beauté et de raffinement. Et quelle ne fut notre surprise devant la mosquée des Omeyyades. Un chef-d'œuvre. Construite au VIIIe siècle, elle avait été restaurée plusieurs fois, au gré des incendies qui l'avaient ravagée ou de la patine du temps. Une immense cour l'agrémentait et au milieu, une fontaine où les fidèles pouvaient faire leurs ablutions. La salle des prières était immense, elle pouvait contenir des milliers de fidèles. Plus tard, j'apprendrais que la mosquée renfermait les reliques de saint Jean Baptiste, les restes du prophète Younes ainsi que ceux d'Hussein, petit-fils du prophète Mahomet. Mais l'endroit le plus impressionnant restait la tombe d'Ibn Arabi, un grand théologien et poète espagnol d'origine arabe des XIIe et XIIIe siècles.

Lorsque j'ai appris à connaître la ville, je me suis rendu compte qu'elle était divisée en quartiers : celui des chrétiens, qui avaient leurs églises, celui des musulmans et celui des juifs. J'ai été étonné de trouver aussi un quartier dédié aux Djazaïris, arrivés ici avec notre Émir. Ce sont eux qui nous ont permis de trouver plusieurs maisons : une pour mes frères, une deuxième pour les hommes qui nous accompagnaient et une dernière pour ma famille. Au bout d'un mois, nous étions convenablement installés dans la ville que nous découvrions peu à peu. Par la suite, j'ai rencontré nombre de partisans et employés de notre Émir. C'est ainsi que j'ai pu introduire une demande d'audience. J'ai attendu trois mois pour être reçu.

C'est par une journée tiède et lumineuse que je me suis présenté devant la demeure de l'Émir, une vaste maison entourée de jardins et de communs, surveillée par des hommes, l'épée à la ceinture. J'ai été introduit dans un salon immense, décoré avec faste, où j'ai patienté quelques heures. Puis, un homme habillé d'un uniforme étincelant est venu me chercher.

En entrant dans la pièce où se trouvait l'Émir, c'est l'éclat de ses yeux qui m'a impressionné : noirs, soulignés au khôl, ils laissaient échapper une lueur extraordinaire, doublée d'une mélancolie insondable. On aurait dit un prophète. Il portait un burnous bleu ouvert sur une chemise blanche. Sa barbe légendaire pendait toujours à son menton, parfaitement taillée. Elle avait blanchi quelque peu. J'étais subjugué par son port et sa prestance et me sentais intimidé. Il me fallut d'ailleurs un moment pour reprendre mes esprits et lui conter mon histoire et celle de ma famille. Après m'avoir écouté, il a répondu :

— Tu es le fils d'une noble tribu qui s'est tenue auprès de moi dès les premiers jours. J'ai connu ton père. Il m'avait offert une dhifa, un accueil digne de sa lignée. Il avait sacrifié veaux et moutons, les femmes avaient, deux jours durant, préparé la semoule. Moi et mes hommes avons mangé à volonté. J'ai aussi connu ton grand-père, un homme de grande valeur. Que comptes-tu faire à Damas ?

— M'installer durablement avec ma famille.

— La terre appartient à Dieu et tout homme a le droit de s'installer là où il souhaite, à condition de respecter ses hôtes. Damas est une vieille ville de culture et de civilisation. Vous y serez heureux avec votre famille.

Il avait tiré sur une corde. Un homme est apparu, l'épée à la ceinture, le port droit. L'Émir s'est adressé à lui :

— Cet homme vient de loin, d'Al Djazaïr, notre patrie bien-aimée. Qu'il soit embauché à notre service et donnez-lui une maison convenable pour lui et sa famille. Qu'il soit fait de même pour les hommes qui l'accompagnent.

C'est ainsi que mes frères, mes hommes et moi avons été employés au service de notre Émir. C'était une joie pour nous qui avions admiré le résistant et n'avions pas compris qu'il dépose les armes devant l'armée française. Plus tard, bien plus tard, en suivant ses cours, en écoutant ses lieutenants et quelques membres de sa famille, nous avons compris les raisons qui l'avaient animé. Nombre de tribus lui avaient tourné le dos, ainsi que le souverain marocain qui l'avait soutenu et avait changé son fusil d'épaule sous la pression diplomatique des Français et des Anglais. Ses hommes étaient épuisés, l'armement et les munitions s'étaient taris. Refusant de faire subir plus de souffrance à son peuple et sa famille, il s'était résolu à négocier un armistice et à se replier sur l'étude de la religion et des voies qui lui permettraient de se consacrer à Dieu.

Avec H'jira, nous avons changé de maison et nous sommes installés dans le quartier des Djazaïris. Ils étaient nombreux les hommes venus avec l'Émir ou qui l'ont rejoint par la suite. Il disposait de sa propre garde qui veillait à sa sécurité ; les autres travaillaient auprès de lui, dans les ateliers affectés à sa demeure et à sa ferme, où il se retirait souvent. Il recevait nombre de personnalités, des consuls, des négociants et même les représentants du sultan turc, qui ne cessaient d'arpenter sa demeure.

À Damas, j'ai rencontré un jour un Arménien, Boros, qui venait livrer un meuble commandé par l'Émir. Grand et beau, le nez fin et allongé, il était raffiné et connaissait les usages de la bienséance. Un soir d'hiver, je lui ai rendu visite dans son atelier. Tout en longueur, il contenait des établis, du bois, des outils, quelques meubles, dont des caisses en bois et une armoire basse. Ici, tout se faisait à la main. Deux jeunes hommes étaient affairés. Boros est venu à moi :

— Bienvenue, entre. Voici l'atelier où je travaille avec mes deux jeunes frères.

Après les salutations, nous avons conversé tous les quatre autour d'un thé. Boros et ses frères étaient arrivés à Damas vers 1850 afin de rejoindre une partie de leur famille, installée quelques années auparavant. Leurs parents avaient été tués lors d'une expédition punitive des Ottomans contre leur village. Les trois frères avaient fui à travers la montagne et avaient longtemps erré avant d'arriver à Damas. Pris en charge par leur église, ils avaient ouvert un atelier où depuis, ils fabriquaient des meubles en bois que les Damascènes fortunés leur achetaient.

Depuis ce jour, nous sommes devenus amis et avons entretenu une relation privilégiée. Nous nous sommes revus plusieurs fois, souvent dans leur atelier où j'admirais leur métier et leur habileté. Ce n'étaient pas des menuisiers, mais de véritables artisans qui traitaient le bois avec délicatesse, sans un geste de trop ou brutal, avec la douceur de l'outil approchant la matière. Celle-ci était ouvragée et sculptée avant d'être apprêtée puis dorée. J'étais ébloui lorsqu'à la fin, Boros me montrait une pièce terminée. Un soir, après son ouvrage, il était venu vers moi avec un buste de l'Émir Abdelkader qu'il avait tenu à m'offrir :

— Chaque fois que tu viens ici, tu parles de ton chef et maître. Alors, j'ai eu envie de te faire plaisir. Prends, c'est pour toi.

Un jour je l'ai invité chez nous avec ses frères. Ils sont venus chargés de cadeaux dont un magnifique coffre en bois pour H'jira. Ce soir-là, nous avons mangé un couscous délicieux. C'était un soir paisible. Nous avons parlé longuement de la coexistence entre juifs, musulmans et chrétiens, l'importance de respecter la dignité de l'homme. Il nous semblait que Damas serait notre havre de paix tant notre bonheur y était complet et intense. La ville nous offrait ce qu'elle avait de plus beau : la possibilité pour chacun de vivre selon sa religion, sans rejet de l'autre. Certes, il y avait des remous politiques, mais ils ne nous concernaient pas : cela se passait dans les palais.

À l'aube de 1860, la situation a brusquement changé, pour notre malheur. Des musulmans avaient pris les armes et envahissaient les quartiers chrétiens, entamant une sanglante chasse à l'homme. De partout, des hommes armés avaient surgi. Ils insultaient, frappaient et tuaient tous ceux qui étaient chrétiens. Terrifiés, ces derniers avaient fermé boutiques et échoppes, sortaient le moins possible et rasaient les murs lorsqu'ils étaient obligés de mettre le nez dehors. Nous ne comprenions pas, mais ce qui devait advenir fut :

la ville fut mise à feu et à sang en peu de temps. Notre première réaction fut d'aller voir Boros et ses frères afin de les protéger. J'ai insisté pour qu'il ferme son atelier et s'installe quelque temps avec nous. Mes frères leur ont cédé leur maison et pendant deux mois, nous les avons logés. H'jira faisait parvenir à Boros et aux siens de quoi s'alimenter. Boros était consterné :

— Que se passe-t-il, El Hadj ? Pourquoi tant de haine ?

— Je n'y comprends rien, Boros, mais je suis sûr d'une chose : toi et tes frères êtes de ma famille et vous resterez dans la maison de mes frères autant de temps qu'il faudra.

— Nous vivions si bien tous ensemble. Pourquoi les musulmans s'en prennent-ils aux chrétiens ? Pourquoi le chrétien est-il devenu une cible ?

— Dieu dit : « Et que la haine pour un peuple ne vous incite pas à être injustes. Soyez équitables : cela est plus proche de la piété. » Il dit aussi : « Celui qui tue un homme, c'est comme s'il avait tué tous les hommes. » Que Dieu nous vienne en aide, mon cher Boros. De toute façon, ni toi ni tes frères ne sortirez d'ici. Mes frères sont là, à tour de rôle, pour vous protéger. Quant à moi, je viendrai de temps à autre m'enquérir de votre situation.

— Merci, mon frère.

Je me suis arrêté un moment, les yeux sur Boros, assis, la tête entre les mains. Cet homme, fier et courageux, qui n'avait pas hésité à affronter les montagnes et leur rigueur pour s'exiler et venir jusqu'ici pour une vie meilleure, se retrouvait en état de peur. Pourquoi cette folie? Ne dit-on pas que l'homme est foncièrement bon? L'est-il vraiment? Ou alors n'est-il pas à la fois bon et capable du pire? Quelle différence entre un musulman et un chrétien ou un juif? Habitent-ils des mondes différents? Ne sont-ils pas des hommes à égale valeur? Oh, mon Dieu, apaise les cœurs, éloigne de nous la haine et la jalousie. Fais de nous des hommes bons et bienveillants les uns pour les autres. Triste et désemparé, j'ai quitté Boros et ses frères pour rejoindre ma famille.

Quelques jours plus tard, l'Émir Abdelkader reçut le chef de la communauté chrétienne, un homme au regard profond et à la longue moustache effilée. Il portait ce jour-là une veste en drap sur un gilet boutonné, le poignard à la ceinture et une montre à gousset pendant de sa poche droite. Le lendemain, Abdelkader mobilisa ses hommes et leur ordonna de garder les issues des quartiers chrétiens et de repousser les assaillants. Au fil des jours, les agressions se multiplièrent, des maisons étaient incendiées, les corps d'hommes et d'enfants jonchaient les rues et le sang se répandait. Devant la dimension incroyable que prenaient les événements, l'Émir décida de sortir en personne dans la ville. Sur son cheval, entouré de ses hommes, il s'était posté à l'entrée du quartier chrétien devant des centaines d'hommes armés de fusils, d'épées et de poignards, assoiffés de sang. Il avait alors prononcé des mots d'une grande fermeté :

— De quoi vous revendiquez-vous ? De l'islam ? Au nom de quoi faites-vous couler le sang des chrétiens ? Ne sont-ils pas vos frères ? Notre religion nous enseigne la bienveillance et le pardon, la gratitude et la reconnaissance. Comment osez-vous porter le fer contre des gens du Livre ? Honte à vous ! Dieu, dans sa miséricorde, nous enseigne de les respecter et de les protéger lorsqu'ils vivent avec nous. Vous manquez aux prescriptions de notre saint Coran. Ce n'est pas Dieu qui vous anime, c'est un esprit de colère et de vengeance. Ni l'une ni l'autre ne s'apaiseront avec tant de cruauté et d'injustice. Et il n'y a de justice que celle de Dieu. Rentrez chez vous. Dorénavant, les chrétiens de cette ville sont sous ma protection et quiconque leur portera atteinte, me portera atteinte à moi. Celui qui fera couler le sang d'un seul homme sera châtié par moi. Rentrez chez vous et priez pour votre âme ! Priez que Dieu vous pardonne ! Vous avez désobéi à ses préceptes.

Les mots de l'Émir apportèrent un grand réconfort aux chrétiens qui purent ainsi enterrer leurs morts et reprendre le cours de leur vie. Les quartiers chrétiens étaient surveillés par les Djazaïris, empêchant les groupes musulmans de commettre de nouveaux forfaits.

L'Émir avait poursuivi ses efforts plusieurs jours, réunissant les oulémas, docteurs de la foi, notables et chefs des quartiers. À tous, il avait tenu le même discours : « Honte à vous d'avoir laissé commettre, sinon encouragé, les meurtres d'innocents. Plusieurs siècles de coexistence ont été piétinés en quelques heures. Au nom de quoi ? Notre saint Coran appelle-t-il à ôter la vie d'un homme ? Non : les Écritures nous engagent à faire des efforts sur nous-mêmes afin de ne pas laisser nos pulsions les plus abjectes diriger nos actions. Je vous demande de prêcher la paix lors des prières. Que résonnent les voix de la sagesse et que cesse ce déferlement de haine. »

Lorsque les troupes françaises arrivèrent à Damas, le calme était revenu et la vie avait repris son cours. Mais le traumatisme ne s'effaça jamais. C'était un choc terrible pour H'jira qui n'avait cessé de pleurer depuis les événements. Enceinte au moment des troubles, elle avait perdu l'enfant et j'avais cru la perdre, elle aussi. Alitée plusieurs semaines, refusant de manger, elle perdait ses forces. Elle ne se rétablit qu'à l'aide d'un médecin attaché au service personnel de l'Émir.

Un jour, je l'ai trouvée en train de prier et de se signer en croix en rentrant à la maison. Je lui demandai pourquoi elle se signait de cette manière alors qu'elle était musulmane.

— Je me sens proche de ceux qui ont été tués, ce sont mes frères. Jamais je n'ai envisagé un tel déchaînement de violence. Ici, dans cet Orient cultivé et raffiné où les mosquées font face aux églises et aux temples, des hommes ont massacré leurs semblables au nom de Dieu. Que fait Dieu dans ce cas ? Il est innocent, Lui ! Ce sont les hommes qui répandent la division et la haine. Un chrétien n'est-il pas un homme de Dieu au même titre qu'un musulman ? On prie un Dieu unique, universel, mais on prie dans des mondes différents.

— Moi aussi ce sont mes frères, ils sont aussi humains que moi et ils sont croyants. Et nos mondes ne sont pas si différents. Notre union le prouve.

Elle est longtemps restée traumatisée par ces massacres. Je partageais son incompréhension et, pour la rassurer, je lui expliquai que ce ne sont pas tous les musulmans mais quelques-uns d'entre eux, illuminés, qui avaient commis ces crimes. Je la pris alors dans mes bras et chantai.

Celui qui veut lire le Coran ou saisir sa lumière,

Celui qui veut une Torah ou un Évangile,

Ou qui veut une flûte, des psaumes et un discours clair

Celui qui veut une mosquée

où prier avec ferveur son Seigneur

H'jira se joignit à moi et nos voix se mêlèrent :

Ou qui veut une synagogue, un clocher et un crucifix,
Celui qui veut la Kaaba pour embrasser sa pierre,
Ou qui veut des fétiches ou qui veut des idoles,
Celui qui veut une retraite pour s'y isoler,
Ou qui veut une taverne et faire l'éloge des belles…

Paga

Frédérick Tristan

CHAQUE MATIN, lorsque je retrouve la chambre de l'asile, j'apprends que la merveilleuse farandole de la nuit vient de cesser. Mes yeux s'ouvrent sur un monde différent : le monde du jour, si on peut appeler ça comme ça. J'ignore quand il a vraiment commencé. On me dit que j'ai six ans, peut-être sept. On me dit aussi que j'ai un nom. C'est le nom du jour. L'infirmière qui me réveille m'appelle « Paga ». Je suis Paga toute la journée. Paga l'orphelin. Paga le soliveau. Ça n'a pas d'importance. Les curieux qui viennent parfois me souhaiter un « bon jour » utilisent ce nom. C'est comme ça qu'ils me reconnaissent. Pourtant, moi, je sais que ce n'est pas mon vrai nom. Pas plus que la table ne s'appelle « table » ou que le fauteuil ne s'appelle

« fauteuil ». Pourquoi voulez-vous que je m'appelle Paga ou Truc ou Machin ou autrement ? En vérité, rien ne se nomme, mais durant le jour, à cause de la lumière du soleil, sans doute, on a besoin de coller une étiquette sur les choses et même sur les êtres qui vont et viennent. Les chats, par exemple, croyez-vous qu'ils s'appellent Minou ou Minette ? Ils ne savent même pas qu'ils s'appellent chat !

La nuit, tout est différent. Plus d'entraves ! Toutes ces entraves à n'en plus finir qui vous imposent leur nom. Car, vous l'avez remarqué, durant la nuit il n'y a plus de noms. Juste des images ! Des images arrimées à rien du tout, et qui bougent, dansent, virevoltent ; et moi au milieu d'elles, avec elles, bougeant, dansant, virevoltant sans que jamais le souffle ne me manque. Ou plutôt, s'il y a des noms, ce sont des noms sans nom. Ils ne se prononcent pas, ne s'écrivent pas. Ils sont d'une transparence extrême, comme tout le reste. C'est de la musique. Les gens du jour appellent ça le rêve. Il faut qu'ils nomment tout, y compris l'innommable, le sommeil par exemple. Est-ce que je dors ? Au début de la nuit, je pénètre dans la nuit. Elle m'accueille. « Joyeuse nuit, la nuit ! » Et, bras dessus bras dessous, nous entrons dans la vie.

La petite fille m'attend à l'orée du pont. Oh, je la connais depuis longtemps ! Mille ans, cent mille ans peut-être. Ici, le temps ne compte pas. D'ailleurs, ce n'est pas comme durant le jour ;

ici, le temps ne passe pas. La rivière sous le pont ne passe pas non plus. C'est moi qui change, qui avance en un tourbillon de mille couleurs, emportant la petite fille dans ma danse. Elle rit aux éclats. Ses longs cheveux tourbillonnent sous la caresse du vent – tendre brise venue des confins du crépuscule, mon aube à moi, l'aurore du soir lorsque le silence s'étend sur les ultimes restes du jour. Tandis que nous sommes happés par la valse, les lumières de la nuit peu à peu s'installent et commencent à tourner autour de nous en un prodigieux manège à musique. La musique des étoiles, n'est-ce pas ? Un immense concert d'oiseaux invisibles et tellement présents rythme nos pas, allège nos jambes, nous propulse dans la virginité du ciel. Nous volons, nous nageons. L'air et l'eau se marient dans la joie de leur rencontre en notre doux embrassement. C'est le commencement du monde qui pointe à l'horizon. La liberté d'être !

Chaque nuit nous ouvre différemment ses trésors. À notre regard s'offrent tantôt une immense montagne de neige aux confins des nuages avec ses palais de cristal, ses monastères de porphyre, tantôt un prestigieux désert aux dunes étincelantes, aux oasis blotties dans des oliveraies enchantées, à moins qu'à nos yeux éblouis n'apparaissent une grotte sous l'océan, illuminée par des milliers de lucioles marines, ou un cirque géant où se révèlent les animaux les plus acrobates de l'univers, tels les singes paradisiaques issus des galaxies spirales. En ces hauts lieux, nous aimons, la petite fille et moi, nous mêler aux sauteurs de lunes, aux fildefé-ristes des antipodes, aux dompteurs de cyclones et aux jongleurs de comètes. De notre guéridon de magicien, nous ressuscitons le monde !

Bondissant hors du velours ouaté de nos nuits, nous volons jusqu'au cœur de l'univers qui nous reçoit en une myriade de fanfares célestes où s'accouplent à l'unisson et en arpèges infinis les saxophones martiens, les trompettes vénusiennes, les trombones mercuriens, les clairons neptuniens, les tambours uraniens et, plus sonores, plus majestueuses, les clarinettes jupitériennes. Alors, de nos lèvres s'élève le chant du Grand Éveil. La sphère universelle s'ouvre comme un fruit mûr. Des astres inconnus en surgissent, fulgurent et disparaissent. Propulsés par une tension subite, d'un seul élan nous enjambons l'horizon et, d'un pas léger sautant de planète en planète, nous atteignons le fond suprême où l'origine des êtres et des choses découvre sa source secrète : un murmure, un ruisselet, le petit rien des grands commencements, la graine initiale d'où germa la nuit. Notre nuit intense en sa révolution infinie. Notre fabuleuse nuit au creux profond du lit.

Car, chaque matin, lorsque la dame cruelle vient ouvrir les volets, chasser la petite fille et me voler ma nuit, tout se solidifie brusquement. Le corps étranger de ce Paga qui sournoisement m'a investi rive au drap les douleurs du jour. Phrase du médecin en chef de l'asile, le praticien qui nomme tout : « Paralysie générale d'origine héréditaire entraînant une dégénérescence définitive du cerveau ». Le pauvre homme, s'il savait combien durant la nuit mes membres s'assouplissent, se moquant de la rigidité du jour ! Et combien mes cellules cérébrales dansent la gigue et percent les mystères de l'univers en se riant ! La lumière diurne n'est qu'une opacité incapable de m'apprendre les vérités que l'obscurité nocturne me dévoile dans sa fulgurante transparence. Les gens du jour me croient dégénéré, abruti, voire crétin, bestial. Ce sont les mots que j'entends chuchoter à mon chevet. Ils me font bien rire.

Comment peuvent-ils soupçonner, ces ignares, que sans avoir jamais rien appris de leur petit monde je règne durant la nuit sur les plus secrètes connaissances universelles ? Je pourrais tout leur apprendre et n'en ferai rien. Ils sont trop imbus de leur ignorance. Et ils sont méchants, se disputant entre eux parce que l'un est blanc, l'autre noir, parce qu'ils croient à la révélation de différents livres, ou encore parce qu'ils se croient propriétaires de tel continent ou de tel autre. L'autre ! L'étranger ! Alors que nous sommes tous le même ! Durant la nuit, je le vois bien : les gens du jour sont aveugles. C'est le soi-disant soleil qui leur a fait ça. Pourtant il n'est qu'un astre infime, petite lueur égarée dans les lointains faubourgs de ma nuit.

Mater dolorosa

BERNARD TIRTIAUX

AVEC LEURS ARMATURES DE PLOMB, leurs vergettes de bronze ou d'acier doux, les vitraux sont robustes. Bien exécutés, ils résistent à l'usure des ans, aux vents, aux caprices des éléments.

La plus grande menace qui pèse sur eux reste en définitive l'homme, le garnement armé de cailloux, l'envahisseur, le vandale.

Sur plus de quarante ans de pratique de mon métier, j'aurai passé un bon tiers de mon temps à restaurer des dégâts causés par de tristes sires opérant sous le sceau de l'anonymat.

C'est ainsi que je fus convié, il y a vingt ans de cela, à me rendre au chevet des vitraux de l'église de Fleurée, où plusieurs verrières avaient été copieusement canardées par du chenapan.

— Avec tous ces trous, j'officie dans un courant d'air permanent, s'était plaint au téléphone le curé de la paroisse.

Je ne cache pas que j'eusse préféré des doléances plus artistiques.

Une fois sur place avec ma camionnette et mes échelles, je fis le tour de l'édifice afin d'évaluer l'ampleur des dégâts : une soixantaine de pièces à repeindre dans des vitraux à motifs répétitifs. En arrêt devant une *Mater Dolorosa* de taille humaine, qui occupait une des fenêtres latérales du chœur, je notai que toute la surface de la tête était criblée de plombs de carabine. Déjà accablée de chagrin, la pauvre Vierge Marie s'était fait tirer dessus. De son visage, il ne restait que quelques fragments parmi lesquels un œil larmoyant ainsi qu'une demi-bouche à la moue patibulaire.

Muni d'un rouleau de papier collant, je ne tardai pas à gravir mes échelons afin de procéder aux premiers soins. J'entrepris ensuite l'extraction du visage à recomposer après avoir relevé l'aile du plomb qui le sertissait. La pièce ôtée, j'avais vue sur les maisons de la place et très précisément sur la fenêtre d'où devaient être partis les projectiles. Je tenais mon coupable. Mon gabarit terminé, je me rendis aussi sec à la cure.

— Vous devez connaître les personnes qui habitent là-bas ? demandai-je à l'homme de Dieu en pointant du doigt la demeure suspectée.

J'eus droit à un long mouvement de tête affirmatif.

— J'ai deux mots à dire à ces gens.

Le visage du prêtre passa de la béatitude à l'étonnement.

— Je ne vous suis pas.

— Ce sont eux qui ont mis le vitrail du chœur dans cet état !

— Mais qu'allez-vous insinuer là ? s'exclama-t-il, électrisé. Il n'y a pas meilleurs paroissiens que cette famille. De grâce, laissez ces personnes tranquilles, je m'en porte garant.

Me pliant dans un premier temps à l'injonction du saint homme, je retournai à ma besogne en rognonnant. Au bout d'un moment, ce fut plus fort que moi : je posai mes outils et traversai la place pour frapper à la porte de mes vandales.

Une jeune dame m'ouvrit. Dans son expression, un mélange de surprise et de méfiance.

— Je répare les vitraux de l'église, lançai-je. La Vierge qui fait face à votre maison a été mitraillée de chez vous avec un fusil à air comprimé.

— Nous n'avons pas d'arme à la maison, clama la femme avec aplomb.

Arrivant en écho sur l'affirmation incisive de sa mère, la voix rauque d'un adolescent dévalant l'escalier.

— C'est pas vrai ! Tu sais bien que j'ai une carabine.

Le méfait était signé.

Pour pallier l'embarras bien compréhensible de la dame, je jugeai bon de préciser que ma démarche n'était pas répressive, que la police serait tenue à l'écart de cette sombre affaire en ajoutant cependant qu'il me semblerait éducatif que son garçon assiste à la restauration complète du vitrail afin de mesurer la portée de son acte. La tension se relâcha entre la maman et moi. L'adolescent, prénommé François, fut sommé de m'accompagner. Mains dans les poches et le pas traînant, il ne cachait pas sa déconvenue.

Dans l'église, je lui montrai la pièce reconstituée et nous cherchâmes ensemble parmi les débris de verre des parties manquantes du portrait afin d'être renseignés au mieux sur sa facture. Rien de très artistique dans cette exécution au dessin pataud et au modelé maladroit.

— Comment tu la trouves ? demandai-je à François.

— Elle n'est pas rigolote, me répondit-il avant d'exprimer son véritable sentiment. Elle est même franchement moche.

— On pourrait remédier à cela. Qu'est-ce que tu en penses ?

En réponse, un sourire en coin.

Et moi d'embrayer :

— Tu me dégotes une beauté à ton goût dans un magazine et tu me l'amènes pour le jour où je repeindrai la nouvelle pièce en atelier.

Nous nous sommes retrouvés une semaine plus tard devant ma table lumineuse dans un environnement de fioles, de flasques, de fins pinceaux, de poudres noires et rousses. *Paris Match* grand ouvert devant moi, je m'attelai à reproduire à l'identique un visage resplendissant autant qu'angélique inspiré d'une photo de starlette hollywoodienne au comble de la joie dans une odeur âcre de vinaigre. Le choix de cœur de mon François. Ce crime de lèse-verrière l'amusait beaucoup et j'étais, quant à moi, ravi de brouiller les pistes des historiens de l'art sur du vitrail de médiocre qualité.

Mes morceaux recuits et défournés, je repris le mercredi suivant le chemin de Fleurée avec ma provision de verres neufs. J'aperçus François devant le portail alors que je débouchais sur la place avec ma camionnette. Il m'attendait.

Je me mis à l'ouvrage sans traîner et il se rendit utile pour m'aider à dresser mes échelles, les bouger, me passer mes outils.

Ce fastidieux travail qui consiste à repiquer un à un les fragments lapidés des verrières mutilées dura de longues heures et je fus surpris de constater que l'intérêt de mon jeune assistant ne faiblissait pas.

— Plus que quatre, plus que trois, plus que deux, ponctuait-il à chaque fois que nous déplacions la grande échelle.

Vint le moment attendu où nous prodiguâmes nos soins à la Madone à la triste figure dans cette opération de chirurgie esthétique visant à la métamorphoser en vierge rayonnante de joie et de beauté.

François jubilait et si j'assumais ma filouterie, je me surpris par deux fois à inspecter l'église, histoire de m'assurer qu'un espion de l'IRPA[1] n'était pas posté derrière une colonne à observer nos agissements. La pièce introduite dans son congé de plomb, je rabattis l'aile du métal pour la sertir, procédai au masticage et au nettoyage. Le tour était joué !

L'échelle repliée, nous la rangeâmes à la hâte ainsi que les outils. Nous riions sous cape, François et moi, de notre coup en douce, tandis que le visage éclatant de la Madone nous donnait la réplique, preuve qu'elle n'était pas mécontente de sa transformation.

Je repassai par la cure avec mon complice avant de repartir pour signifier que la besogne était faite et aussi pour confesser notre petit délit. Je ne pouvais pas décemment tenir le prêtre à l'écart de notre conspiration.

Le curé nous accueillit sur le pas de sa porte et avant même que je n'émette le premier son me demanda :

---

1 Institut Royal du Patrimoine Artistique.

— Plus de trous, plus de courants d'air?

Bouche bée, j'opinai de la tête.

— C'est bon comme ça, conclut-il en me tendant la main pour me donner mon congé!

Si j'en pris pour mon grade, François, quant à lui, était offusqué par l'indifférence que nous avions essuyée.

— Il n'est même pas venu voir, répétait-il.

Je me rappelle clairement avoir repris la route sur l'indignation de ce petit allié que je laissais derrière moi sans savoir que dix ans plus tard, nos chemins se recroiseraient au hasard d'un salon de l'antiquité où il présentait du meuble ancien finement remis en état par ses mains.

Nous parlâmes métier et restauration.

Dans la foulée, nous évoquâmes aussi la question du respect et de la gratitude, deux qualités de cœur dont ce monde est cruellement dépourvu.

De quoi donner aux Madones l'envie de pleurer!

L'odyssée du treize

Ingrid Thobois

À L'ÂGE DE LA DÉTESTATION DE SOI, la natation m'était apparue comme le meilleur moyen de traverser cette foutue adolescence. J'ai passé mes années collège et lycée à nager avec acharnement, obnubilée par les disproportions d'un corps que je ne percevais plus que par fragments. Lorsque je lui mettais sous les yeux le morceau de gras qui, indéniablement, était mon bras, ou la peau d'orange qu'un simple pincement de chair faisait apparaître sur mes cuisses, ma mère croyait me réconforter en me répétant qu'il fallait considérer la silhouette, ma chérie, non le détail, ce qui ne faisait que confirmer mon opinion : avec mes premières règles s'était opéré un changement radical. J'avais été une brindille durant toute mon enfance ; j'étais en train de devenir difforme.

J'avais vingt ans lorsque j'ai commencé à me réconcilier avec mes volumes. Et, de manière assez logique, une fois la natation dissociée de mon indice de masse corporelle, je me suis mise à prendre goût à ce sport mécanique qui me retirait tout mon poids.

Trois kilomètres, c'est la distance que je couvre deux fois par semaine à la piscine depuis mes treize ans. J'en ai aujourd'hui trente-cinq. Si j'enlève les deux semaines annuelles de vidange des bassins, les deux autres où il peut m'arriver d'être indisponible, fatiguée ou malade, et les deux autres encore où le personnel fait rituellement grève, j'ai dû nager jusqu'à présent plus ou moins 6200 kilomètres, soit un peu plus d'une transatlantique des îles Canaries aux Antilles.

Depuis le temps, je ne nage plus vraiment, ou plutôt, je ne me rends plus vraiment compte que je nage, tant mon corps est habitué à ces mouvements : battements de pieds, jetés de bras bien tendus, et je pousse – j'ai oublié de dire que je nage, principalement en crawl, à 3,09 kilomètres à l'heure. Avec une régularité de métronome, les yeux rivés aux carreaux qui tapissent le bassin, j'enchaîne les allers-retours sans ressentir l'effort, seulement attentive à la caresse de l'eau sur mes flancs. Et je m'efforce de ne penser à rien.

— Quatre cents ?

— Quatre cents.

Quatre cents personnes plus ou moins profilées en combinaisons et bonnets numérotés. Sur la petite plage de l'île Verte en face de La Ciotat, on marine au soleil en attendant le départ de la course. On se tartine de vaseline aux endroits stratégiques de frottement. Les pros se reconnaissent à leur silhouette, à leur équipement et à leur calme. Les autres fanfaronnent. Moi, je ne connais personne. Je suis venue tout exprès de Paris. On me chambre – on est Marseillais. J'ai aussi peu l'esprit de compétition que le goût du défi personnel. Je me suis inscrite au sixième « Odyssée du Treize » parce que j'ai envie de traverser à la nage une des plus jolies baies de la Méditerranée.

Je connais des gens qui croient que d'autres gens quittent sans souffrance leur famille, leur ville, leur village, leur pays, comme on s'en va faire du tourisme. Je connais des gens qui croient que d'autres gens traversent sans eau ni nourriture ni argent des déserts, des détroits, des continents, des cols de montagne et des mers, pour le plaisir de venir voler en Europe des emplois rémunérés au salaire minimum, des allocations familiales, des primes de précarité et toutes sortes de choses inventées pour les pauvres chez les riches, et que l'on voudrait nous faire prendre pour des luxes. Je connais des gens qui croient que tendre la main à quelqu'un, c'est risquer de se faire mordre. Je connais des gens qui jugent toujours trop basses les haies de thuyas délimitant leurs jardins, les murs d'enceinte de leurs maisons. Je connais des gens…

À vrai dire, non, ces gens-là, je ne les connais pas.

Mais ils existent et je les croise parfois. Sans toujours le savoir. Pas plus tard qu'hier, à Paris, juste avant de prendre le train pour Marseille et l'Odyssée du Treize, alors que je marchais le long de ce qu'il faut bien appeler un camp, j'ai croisé le regard d'un homme avec qui j'ai cru partager mon sentiment d'indignation face à ce que le monde était capable de générer en matière d'exclusion. L'homme n'était pas désagréable à regarder. Sans doute saisi par l'odeur pestilentielle, il s'était arrêté comme moi devant la cinquantaine de tentes massées sous le métro aérien, séparées par de minuscules douves d'eau fangeuse. Haussement synchrone des sourcils. Trop sonnée pour partir à la recherche d'une expression élaborée, j'ai dit : « C'est complètement dingue ! » ou quelque chose du genre. Aussitôt, l'homme a renchéri. C'était dingue, en effet… d'aimer à ce point vivre dans la merde, d'être aussi dégueulasse, non mais vous avez vu on dirait des animaux.

Le souffle coupé, je n'ai pas réagi. L'homme a ajouté quelque chose au sujet du respect de l'environnement et j'ai fermé mes oreilles au reste de son racisme ordinaire, au reste de son libéralisme ordinaire. Je regardais les hommes accroupis devant leurs tentes, sous la pluie, sur le béton d'une capitale d'un des pays les plus riches du monde, le mien, le sien, pas le leur. Je me suis demandé où ils pissaient. Je me suis demandé où ils chiaient. Des questions comme ça. Des questions qu'il aurait fallu soumettre au beau gosse qui croyait qu'on pouvait vivre sur le trottoir et rester propre longtemps, cajoler son environnement, et pourquoi pas manger bio tant qu'on y est ?

Le départ de la course se fait en deux temps. D'abord, les nageurs avec palme. Ensuite, les nageurs dits « classiques ». Le parcours est simple : il s'agit de remonter plein nord la ligne des sept bouées espacées de trois cents mètres. À la dernière, piquer à gauche. Encore six cents mètres et c'est le portique d'arrivée. Le parcours est un « L » renversé.

Parce que vous croyez qu'on fait ça par plaisir ? Qu'on quitte la fleur au fusil le lieu de sa naissance, le rivage où l'on a appris à marcher, la famille qui nous a élevé, les meilleurs copains et les filles dont on est tombé amoureux, la luminosité de l'Hindou Kouch et le goût du melon blanc de la plaine de Shamali ? Vous croyez qu'on délaisse le cœur léger ce qu'on a le plus aimé ? Tout ça pour devenir une ombre dans une cité grise d'Europe au terme d'années à cavaler de frontière illégalement franchie en frontière illégalement franchie, gibier de chiens policiers, pour finir par dormir sans papier dans des foyers surpeuplés ou sous des rails de métro suspendus ?

Cette course de nage, je n'ai jamais douté de la finir. Je n'ai jamais imaginé non plus que j'en baverais autant. L'eau est à quinze degrés. Ma combinaison épaisse de trois millimètres. La première sensation, ce n'est pas le froid. C'est le souffle coupé par le froid. Et l'impossibilité de caler ma respiration sur le rythme ternaire auquel je suis habituée depuis vingt-deux ans. Voilà moins de deux minutes que je nage ; l'essoufflement menace.

Combien de temps peut-on tenir, cramponné au châssis d'un camion lancé sur une piste défoncée entre l'Iran et la Turquie ? Et enfermé dans un container réfrigéré ? Comment peut-on s'imaginer survivre dans le train d'atterrissage d'un avion à dix mille mètres d'altitude ? À votre avis, mieux vaut-il :

A/traverser l'océan sans savoir nager à bord d'un rafiot qui prend l'eau ?

B/ traverser l'océan sans savoir nager à bord d'un navire sans capitaine ?

C/ sauter sans parachute depuis un avion à très haute altitude ?

Pour endiguer mon essoufflement, il me suffit d'arrêter de nager, de me reposer un instant sur le dos, de modifier le rythme de ma respiration, binaire, ternaire, binaire, ternaire, un peu de brasse, binaire, ternaire, binaire, ternaire, un peu de brasse et ainsi de suite une heure durant. J'en ai la force. J'en ai l'endurance. Et au pire, si je me déporte de l'autre côté de la ligne des bouées, que je fais signe et que j'attends, un des dix-huit bateaux de surveillance finira par me récupérer. J'ai payé dix-huit euros pour qu'on me garantisse cette sécurité-là. Un euro par bateau.

Les migrants quittent leurs pays pour échapper à des attaques à l'arme chimique, à des snipers ou à des fêlés qui, pour toutes sortes de raison, ont promis de les écorcher vifs. Ils quittent leur maison sans fermer la porte derrière eux. En catimini. Au milieu de la nuit. Sous une lune décroissante.

J'ai cessé de compter le nombre de bouées. J'avance de trois cents mètres en trois cents mètres. Le froid m'engourdit le cerveau. Je me concentre sur mon souffle. Slalom géant entre les méduses. Le froid m'empêche de sentir le frottement féroce de ma combinaison contre ma nuque. Je n'ai pas peur de la mer. J'en connais même les profondeurs. De toute façon, les requins, ça n'existe pas.

Quitter un pays en guerre pour gagner un pays en paix, cela peut prendre des années. À cause des frontières fermées, surveillées, à cause des lois qui interdisent la libre circulation des hommes alors qu'un homme, c'est ça, par définition, depuis Cro-Magnon : un tronc et deux jambes en mouvement. Si je tenais le premier crétin à avoir tracé une ligne entre lui et le voisin… Les frontières sont des murs. Je croyais qu'elles étaient des passages. Leur imperméabilité fait la joie des passeurs dont le business ne s'est jamais si bien porté. Supposés aider les migrants contre d'importantes sommes d'argent, ce sont eux qui les abandonnent au sommet des cols de montagne enneigés, au milieu des déserts ou sur des navires en train de couler, quand ils ne les passent pas par-dessus bord.

Je me concentre sur mon corps et ces bras gelés qui m'appartiennent, que je lance le plus loin possible devant moi, essayant de ne pas céder, avec la fatigue, à la désynchronisation du mouvement. J'expire longuement. Je me repose sur la ligne de mon souffle. Je sais nager. J'ai froid. Contre la houle, l'effort est colossal. Se noyer ou non est une affaire de nationalité. Moi, pour dix-huit euros, dix-huit bateaux et je ne sais combien de personnes veillent à la jumelle sur ma vie.

Les migrants ont peur comme je n'aurai jamais peur, soif comme je n'aurai jamais soif, faim comme je n'aurai jamais faim. On dit que la noyade est une des pires morts qui soit. Existe-t-il des gens pour avoir comparé les différentes façons de mourir ?

Pour parvenir au bout de cette course, je parle à ma tête.

Les migrants risquent leur vie pour venir ramper dans nos sociétés opulentes où les gens ont des façons qui ne sont pas des façons, où l'hiver dure toujours, où l'on se dit *salut* du bout des lèvres et si on oublie de faire ce faux bruit de baiser, on se rend compte que l'autre faisait semblant aussi : une fausse bise pour un faux bonjour à un faux ami. Les pays riches… et riches de quoi ? Les vieux meurent seuls, nos portes sont fermées à clé et les amis doivent téléphoner une semaine à l'avance pour venir déjeuner. Comme s'il était toujours question de déranger.

Je nage dans la mer Méditerranée où, depuis le mois de janvier, 1500 migrants se sont noyés.

Pour parvenir au bout de cette course, je revisite des souvenirs.

La tour Eiffel ? Ils étaient une cinquantaine à se geler, au bas de chez moi, massés place du Colonel-Fabien, Paris, dixième arrondissement, tassés entre des barrières crochetées les unes aux autres dans une atmosphère de fer, de barreaux. Ça leur rappelait un paquet de mauvais souvenirs : la prison en Iran, la prison en Turquie, la prison en Grèce... Plusieurs types en gilets fluo leur passaient le dos de la main sur la joue. Et c'est comme ça, au jugé d'une pilosité, qu'on choisissait qui allait passer la nuit à l'abri. Les types en gilet n'y étaient pas pour grand-chose. Sarkozy, si. Les plus de dix-huit ans dormiraient sur les bouches d'air chaud des trottoirs, dans les cages d'escalier où ils se feraient sûrement tabasser.

Je nage dans la mer Méditerranée dont le pourtour fut le berceau d'une très grande civilisation, où est née la démocratie, la philosophie, où des hommes aujourd'hui jettent d'autres hommes par-dessus bord à l'approche des garde-côtes européens.

Place du Colonel-Fabien, en pleine nuit, on examinait les migrants comme du bétail. Il devait pourtant exister des centaines de mètres carrés disponibles à Paris où faire dormir ces garçons mineurs, ces hommes majeurs – peu de filles – qui ne demandaient pour l'heure qu'une couverture, un toit et un endroit décent où se soulager.

Je nage dans la mer Méditerranée au bord de laquelle j'ai en partie grandi. Mon enfance a les couleurs roses du soir sur la plage, elle porte l'odeur un peu écœurante du sable, de la crème solaire et de la baraque à frites au bord de la route. À certaines périodes de ma vie, il m'est arrivé de penser que je devais absolument aller vivre là-bas.

Pour parvenir au bout de cette course, je pense à cette nouvelle que je suis en train d'écrire dans ma tête, et que vous êtes en train de lire.

Un des garçons de la place du Colonel-Fabien, un Afghan, avait été ce soir-là sélectionné pour dormir à l'abri. Depuis, je revoyais souvent Mirwais arpenter le terre-plein arboré qui scinde le boulevard de la Villette où j'habite. Et c'est idiot, mais comme il m'est arrivé, il y a dix ans, de travailler dans son pays, je n'ai pas pu m'empêcher, un jour, d'engager la conversation. Sa tête lorsque je me suis mise à lui parler avec ce qui me restait de dari[1] ! Entre incrédulité, joie et méfiance, Mirwais m'écoutait, rebondissant sur certaines de mes paroles. J'avais été professeur de français à Kaboul. J'avais vécu dans le quartier de Qalai Fatullah. Le garçon regardait bouger mes

---

1 Langue parlée en Afghanistan, très proche du farsi ou persan parlé en Iran.

lèvres comme pour y déchiffrer la raison du hasard. Il avait du mal à faire coïncider la porte de mon immeuble que je lui montrais et ces noms de lieux que je prononçais, où il avait grandi, où vivait aujourd'hui encore sa famille, où il ne retournerait peut-être jamais. Mineur à son arrivée en France, il avait été pris en charge par les services sociaux de la mairie de Paris, l'Aide Sociale à l'Enfance, puis par un service d'accueil de jour de la Croix-Rouge. Il logeait dans un hôtel miteux du dix-septième arrondissement avec d'autres migrants adolescents. À ses dix-huit ans, il a quitté Paris pour un foyer de jeunes travailleurs en Savoie, à Chambéry. Retrouver les montagnes lui faisait du bien. Le tranchant des paysages. Le fouet de l'air. Il m'envoyait régulièrement des SMS, parfois un selfie avec pour toile de fond la Dent du Chat ou la Chartreuse. Sa formation dans la restauration collective ne lui plaisait pas. Enfourner des barquettes d'aluminium dans un four... Mirwais, ce qu'il voulait, c'était travailler dans un grand restaurant. Un grand restaurant afghan. Et un jour monter son affaire.

Le tenancier du château des Allues était un type très sympa et très ouvert qui avait beaucoup voyagé. Il a pris Mirwais en stage pour s'occuper d'un peu tout dans ce lieu de conte de fées : luxueuse chambre d'hôtes et restaurant étoilé dans la commune de Saint-Pierre d'Albigny, quatre mille habitants. « L'Afghan », les clients l'appelaient. Ce n'était pas méchant. « Mirwais », ils n'y arrivaient pas. Ce n'était pas non plus dédaigneux. Juste paresseux. Son histoire les intéressait un peu au moment de l'apéritif. Au moment de passer à table, ils s'en étaient désintéressés.

Cinquante-huit minutes et une brûlure au deuxième degré à la nuque, c'est le temps qu'il m'aura fallu pour nager ces trois kilomètres.

Après son stage, Mirwais a quitté la Savoie.

Le soir à la radio, j'ai entendu qu'un navire avait sombré au large de la Sicile.

Il est allé travailler dans le meilleur restaurant afghan de Paris, « l'Afghani », rue Paul-Albert.

À son bord, ils étaient quarante-huit, trente-neuf hommes, sept femmes, et deux enfants.

Mirwais a obtenu le droit d'asile. Il lui sera bientôt délivré une carte d'identité française qui lui permettra de se faire établir un passeport qui lui permettra de voyager. Quand il reviendra en Afghanistan après des années d'absence, sa mère, son père, ses frères et sœurs, s'ils sont encore vivants, le reconnaîtront-ils ?

Mélitys ou la sécurité

GRÉGOIRE POLET

Un peuple prêt à sacrifier
un peu de liberté pour un peu
de sécurité ne mérite ni l'une ni l'autre,
et finit par perdre les deux.

Benjamin Franklin (1706-1790)

1

IL EXISTE UNE ÎLE TRANQUILLE, dans l'océan Pacifique. Elle s'appelle Mélitys. C'est en fait, comme beaucoup d'îles, une montagne sous-marine dont le sommet dépasse tout simplement le niveau de la mer.

Les gens y vivaient en paix jusqu'il y a peu, et l'on venait rarement les déranger parce que cette île n'avait qu'un petit port, et que ce port était une simple crique naturelle truffée de rochers et d'écueils. Il était extrêmement difficile d'accoster à Mélitys sans faire plus ou moins naufrage.

Sur cette île heureuse, la population cultivait ce dont elle avait besoin et, le reste du temps, vaquait à des tas de choses plaisantes : les enfants jouaient, couraient les bois, buvaient aux fontaines, taquinaient les chèvres, plongeaient dans l'eau claire depuis les rochers du bord. Les adultes taillaient des statues en bois, faisaient de la musique, inventaient des histoires d'aventure et les racontaient à qui voulait les entendre.

Une série d'événements terribles et regrettables cependant ont fait de cette magnifique Mélitys une île à peu près déserte. Tout le monde en est parti. Le plus incroyable, c'est que toute cette catastrophe est arrivée à cause d'une histoire de miel. Et de miel délicieux en plus.

Les Mélityssiens aimaient le miel. D'ailleurs, ils ne cultivaient ni betterave ni canne : le miel était abondant et servait de sucre pour tout, pâtisseries, bonbons, sur le pain, dans le yaourt et jusque sur certains rôtis. Les abeilles y portaient le juste surnom de « meilleures amies de l'homme » et se plaisaient extraordinairement sur l'île, voletaient de fleur en fleur et fabriquaient dans les ruches de chacun leur suc exquis.

Or, un miel possédait un goût meilleur que tous les autres. C'était celui qui sortait des ruches de Giorgio. Giorgio était un jeune homme sympathique et solitaire, qui vivait à l'écart. Il avait construit sa maisonnette au plus bel endroit de l'île, où le panorama sur la montagne et l'océan coupait le souffle. C'était un lieu difficile d'accès : il fallait grimper une demi-heure dans les rochers pour l'atteindre. Giorgio seul l'avait choisi, et consacrait une partie de son temps à tailler un escalier dans la roche et un chemin, afin de rendre plus aisé le trajet du village à chez lui, et vice-versa.

Giorgio ne faisait rien de particulier pour ses abeilles et personne, pas même lui, ne comprenait pourquoi son miel avait un goût tellement meilleur, absolument merveilleux. Les habitants lui en demandaient. Giorgio, qui était généreux, offrait à peu près toute sa production. Il était même, finalement, celui qui en mangeait le moins.

2

Goliath était un homme grand et maigre avec de longs bras, un nez comme un bec d'aigle et des yeux mystérieux et pénétrants. Il s'occupait du moulin, perché sur la montagne, dans le vent des hauteurs. On lui devait la fine farine de Mélitys et c'était un personnage respecté. C'était aussi un ami de Giorgio, solitaire comme lui.

Goliath se mit en tête de découvrir le secret du miel de Giorgio.

Il formula sa première hypothèse en constatant que, du côté où Giorgio habitait, certains arbustes portaient des fleurs violettes et mauves, alors que les arbustes que les abeilles butinaient dans le reste de l'île faisaient des fleurs légèrement différentes et plus pâles. Goliath transplanta quelques arbustes ailleurs dans l'île en espérant, l'année suivante, produire le même miel que Giorgio. Mais l'expérience échoua. Il porta ses rayons de miel chez son ami Giorgio, tous deux goûtèrent, soigneusement, réfléchirent et se rendirent à l'évidence : ces deux miels n'avaient rien à voir. Les arbustes n'y étaient donc pour rien.

Goliath formula alors une deuxième hypothèse : l'eau. Il supposa que l'eau qui irriguait la végétation et les arbustes du côté où habitait Giorgio devait être différente de l'eau qui coulait sur l'autre versant de la montagne, du côté du village, où se trouvaient les autres ruches. Il analysa patiemment les environs et finit par découvrir, tout près de la maisonnette de Giorgio, une source qu'on ne connaissait pas, parce qu'elle coule discrètement à travers un épais tapis de mousse verte et jaune. Cette source se trouvait un peu plus haut que les fameux arbustes aux fleurs plus bleues et plus violettes. Le goût de l'eau, surtout, était subtilement plus ferreux. Goliath exposa sa théorie à Giorgio, qui le félicita et qui, le lendemain, lui apporta une grande outre qu'il avait laissé se remplir à sa source pendant toute la nuit. Goliath se mit à arroser ses arbustes avec cette eau, un peu de temps en temps, avec l'aide de Giorgio et beaucoup de patience. Les fleurs des arbustes foncèrent légèrement et le miel nouveau avait le goût merveilleux du miel de Giorgio.

Le jour de la fête annuelle de Mélitys, à la fin du banquet que tous les habitants avaient partagé, Goliath monta sur une table et déclara qu'il avait une nouvelle fantastique à annoncer : le secret du miel de Giorgio était découvert et tous les habitants pourraient bientôt en profiter. Ce miel était tellement extraordinaire que chacun poussa des cris de joie et qu'on applaudit chaleureusement le découvreur.

3

Goliath ayant révélé à l'île le secret du meilleur miel du monde, Giorgio s'offrit d'apporter de son eau à chacun. On creusa autour de la source, jusqu'à quatre mètres de profondeur, où l'eau jaillissait plus généreusement. Giorgio organisa tout un système de canaux pour que l'eau parvienne sur l'autre versant et s'écoule jusqu'au village. Là, chacun utilisa l'eau « georgine », comme on l'appela désormais, pour irriguer de temps en temps les arbustes et, bientôt, tout Mélitys produisit en quantité un miel difficile à décrire tellement il était bon.

Les quelques rares voyageurs qui, bravant les dangers de la baie, accostaient à Mélitys, se rendirent vite compte de cette chose exceptionnelle, demandèrent des bocaux, qu'on leur fournit en petit nombre. Ces bocaux emportés par les voyageurs firent arriver d'autres curieux, venus tout spécialement pour le miel. Le miel de Mélitys devint célèbre. Les habitants, au lieu de le donner, se mirent à le vendre. Les visiteurs acceptaient de payer le prix fort. L'île s'enrichissait de façon inouïe. On ne savait plus où donner de la tête. La population décida qu'il fallait s'organiser et qu'il n'y avait personne de mieux placé que Goliath pour s'en occuper. C'était aussi une manière de le remercier d'avoir découvert et révélé aux Mélityssiens le secret qui faisait désormais leur fortune.

On créa la fonction : doge de Mélitys. On tissa un vêtement à la fois élégant et majestueux. On éleva le début d'un palais, là-haut, près du moulin. On peignit un blason au-dessus de la porte, représentant une abeille, une montagne et une source ; le même dessin fut brodé sur des drapeaux et imprimé sur l'étiquette des bocaux de miel.

Goliath Ier proposa à Giorgio de partager le pouvoir et d'habiter avec lui dans le palais mélityssien que l'on était en train d'ériger. Giorgio accepta de travailler avec Goliath, mais refusa de quitter sa maisonnette, le beau panorama et la tranquillité de sa solitude. Goliath le nomma ministre du miel. La population l'acclama et on fit un banquet où l'on se plut beaucoup.

4

Le travail de Giorgio se limitait à s'assurer que l'eau de sa source coulait bien jusqu'au village, et à développer le réseau d'irrigation, car il fallait produire assez de miel pour satisfaire les acheteurs étrangers, sans priver la population de Mélitys.

Le travail de Goliath consistait surtout à fixer le prix auquel les habitants allaient vendre leur miel et à bâtir un port digne de ce nom afin que les bateaux, toujours plus grands, puissent accoster et acheter le miel sans risque de crever leur coque contre les rochers qui se cachaient sous la surface.

Goliath Ier, doge de Mélitys, proposa bientôt un nouveau projet :

— Il faut se rendre compte, dit-il depuis le balcon du palais à la foule des Mélityssiens rassemblés, il faut se rendre compte que la prospérité formidable de notre île est fragile. Et même, qu'elle est en danger.

La foule fit un long « Oh ! » et commença à s'inquiéter.

— Tant que les étrangers achètent notre miel, continua Goliath, tout ira bien. Mais le jour où ils découvriront notre secret, ils prendront de notre eau dans des outres et s'en iront chez eux irriguer leurs jardins : leur miel sera aussi bon que le nôtre et tout sera perdu ici.

La population se rendit compte de la menace.

— Il est indispensable, ajouta le doge Goliath Ier, d'interdire absolument de révéler aux étrangers le secret du miel de Mélitys ou de donner, de vendre ou même de transporter hors de l'île la moindre goutte d'eau georgine.

La population poussa un grand cri pour montrer son accord. Le doge ajouta :

— Et cette interdiction absolue ne sera efficace que si l'on menace de punir sévèrement celui qui ne la respecterait pas.

La population acquiesça.

— Quelle punition prévois-tu, ô doge ? demanda Giorgio en fronçant les sourcils.

— Puisque la révélation du secret serait indigne d'un habitant de Mélitys, je propose que la punition soit l'exil : le coupable, s'il y en a un, sera chassé pour toujours de notre belle île.

La population fut d'accord et acclama le doge. Giorgio, ministre du miel, pensif, n'applaudissait pas.

5

Quelque temps plus tard, un Mélityssien nommé Dahani fut pris en flagrant délit de vendre une outre d'eau georgine à un étranger. Ses voisins, très embêtés, ne savaient que faire. Ils lui reprochaient son attitude, mais ils ne voulaient pas le dénoncer pour autant. La rumeur parvint néanmoins jusqu'au palais du doge, qui convoqua le pauvre Dahani.

Le jour du procès, Goliath Ier parut dans un magnifique habit rouge avec un col tressé de plumes multicolores et s'assit sur le trône qu'on lui avait construit. Giorgio était debout à côté de lui. Dahani, en face, se tenait assis sur un tabouret si petit qu'il se trouvait presque accroupi et qu'il avait le menton entre les genoux. On avait prévu une belle chaise, à côté, pour le Mélityssien qui voudrait prendre la défense de Dahani, mais personne dans la population ne se présenta. Apparemment, tout le monde considérait que Dahani méritait la punition, c'est-à-dire d'être expulsé pour toujours de Mélitys.

Quand Giorgio vit que la chaise du défenseur restait vide, il demanda la permission à Goliath de s'asseoir à côté de Dahani et de le défendre. Les gens s'étonnèrent. Goliath accepta. On entendit quelqu'un (mais on ne sut jamais qui) murmurer :

— Si Giorgio prend la défense d'un traître, c'est que Giorgio est un traître, lui aussi.

Goliath fit taire tout le monde. Dahani avoua. Il avait bel et bien fait sortir de l'eau, mais il demandait qu'on essaie de le comprendre. Pourquoi avait-il fait cela ?

— J'ai un cousin en Inde, expliqua Dahani, qui est éleveur de vaches et qui vient de perdre tous ses troupeaux dans une terrible inondation. Je l'ai appris par une lettre qu'il m'a écrite. Quelques jours après avoir reçu cette lettre, j'ai rencontré un étranger venu d'Inde acheter notre miel. Il était originaire d'une ville proche du village où habite mon cousin. J'ai décidé de confier à ce voyageur une outre d'eau, sans rien lui dévoiler de ses mystérieux pouvoirs. J'ai donné à l'Indien de l'argent pour qu'il remette cette outre à mon cousin Jawal, accompagnée d'une lettre bien fermée dans une enveloppe, où j'expliquais le secret de cette eau et des arbustes, en espérant que mon cousin puisse faire du miel comme le nôtre et qu'il puisse le vendre et sortir de la misère où l'avait jeté la perte de ses troupeaux.

Giorgio était ému par cette histoire. Mais quand il se retourna, il ne vit que des visages durs et sérieux dans l'assemblée. Giorgio se leva et déclara qu'il trouvait que Dahani avait agi de bon cœur et que sa bonté méritait le pardon. Goliath fronça les sourcils à son tour et, après avoir réfléchi, prononça :

— Dahani a agi par générosité, c'est vrai. Cela prouve qu'il est un homme bon. Mais cela ne justifie pas son acte. Pour une bonne raison, il a commis une mauvaise action. Or, c'est l'action que nous jugeons, et non pas la raison. Il doit donc être puni.

Giorgio demanda à son ami Goliath s'il avait un cœur. Son ami répondit que Goliath en avait un, mais que le doge devait d'abord veiller à la protection de Mélitys et à la prospérité de son commerce.

— Qu'arrivera-t-il quand, en Inde, le cousin de Dahani se sera mis à produire le même miel que nous, insista Goliath ? Le brave cousin ne se contentera pas d'une outre : il en voudra d'autres ! Il fera tout pour s'en procurer. Il viendra en voler, il paiera des traîtres pour lui en fournir. Il trouvera peut-être chez lui, en Inde, une eau identique, qu'il saura désormais comment utiliser. Notre miel délicieux deviendra banal et plus personne ne traversera la mer pour nous en acheter. Ce sera la ruine de Mélitys !

À ces mots, les habitants qui étaient présents frissonnèrent et crièrent :

— Il faut punir Dahani ! Il ne faut pas qu'une telle trahison se reproduise !

Giorgio essaya de parler, mais les gens criaient trop fort. Dahani fut condamné à la prison. Giorgio fit remarquer qu'il n'existait pas de prison à Mélitys. Le doge, confus, ordonna qu'on en construise une au plus tôt et qu'on y jette l'infâme Dahani, en attendant le prochain bateau pour la Chine ou tout autre pays lointain, où on l'embarquerait de force.

6

La prison fut construite, on y enferma Dahani ; un bateau chinois passa, on l'y embarqua, avec sa femme et ses enfants. Giorgio monta le plus haut possible sur la montagne pour le voir s'éloigner ; mais si haut qu'il fût monté, il finit par le perdre de vue et l'horizon s'éleva entre Giorgio et le bateau qui emmenait l'exilé. Giorgio était tellement triste ce soir-là, en rentrant à sa maisonnette solitaire, qu'il pensa boucher la source georgine. Il y jeta une pelletée de terre, puis deux, puis s'arrêta en songeant que cela ne servirait à rien.

Goliath, lui, vivait désormais dans la peur. Il savait que de l'eau georgine était partie en Inde et que tôt ou tard, le miel lointain de Mélitys n'intéresserait plus personne. Les travaux du port étaient presque terminés et ceux du palais également. Pour les rendre plus magnifiques et inciter les voyageurs à payer plus cher le miel précieux, il les avait décorés de superbes grilles en or et avait pour cela emprunté beaucoup d'argent à un marchand qu'il fallait maintenant rembourser. Ce n'était pas le moment que le prix du miel baisse ou que le cousin de Dahani commence à lui faire concurrence.

D'autres soucis l'accablaient : une partie de la population était en train de quitter l'île. C'étaient les amis et l'entourage de Dahani qui, tristes de son exil, avaient décidé de s'en aller à leur tour et de le rejoindre en Chine. Pour la première fois, des Mélityssiens quittaient leur île volontairement et en nombre.

Quand Giorgio apprit cela, il descendit en courant jusqu'au port. Il salua parmi ceux qui partaient un bonhomme rondouillard, qui s'appelait Bouna et qui avait été son bon copain d'enfance. C'était un fils de pêcheur et tous les trois, avec Goliath, avaient mille fois fait les fous dans les rochers, à sauter de toujours plus haut, puis à rejoindre les barques des pêcheurs loin dans la mer, à la nage. Bouna s'était marié avec la sœur de Dahani l'exilé, et il allait à présent les rejoindre, dans la lointaine Chine.

Il y avait des dizaines de personnes sur le quai du port flambant neuf, qui s'apprêtaient à partir, comme Bouna, pour toujours. Giorgio vit, derrière la foule, dans un coin, son ami Goliath qui avait le regard triste et une main sur le menton. Giorgio s'approcha de lui. Mélitys n'était-elle pas mieux avant la découverte du secret du meilleur miel du monde ? N'allait-elle pas mieux avant de devenir riche et prospère ?

Le bateau de Bouna et des autres s'éloigna sur l'océan. Chacun retourna à ses activités. Goliath remonta, triste et lent, vers son palais, là-haut. Giorgio resta sur le port jusqu'à ce que le soleil soit descendu sur l'océan et se soit couché sous l'horizon multicolore.

7

En remontant vers son palais, Goliath avait réfléchi. Sa tristesse et ses larmes étaient parties à mesure qu'il grimpait les escaliers et les pentes raides qui menaient au palais. « Tout cela était de la faute de Dahani, songeait-il. Et Dahani, ce traître que nous avons exilé, continue de faire du tort à Mélitys en attirant à lui ses amis, qui s'en vont et nous abandonnent. Nous aurions dû être beaucoup plus sévères dans le châtiment. Au lieu de l'exiler, il aurait fallu le condamner à mort ! »

Goliath se frappait la tête avec le poing en se reprochant d'avoir été faible, de n'avoir pas prévu ce qui se passerait et d'avoir été un mauvais doge pour Mélitys :

— J'ai fait la fortune de Mélitys en découvrant le grand secret et en le donnant à tout le monde, se répétait-il. Et maintenant, je fais sa ruine parce que je ne l'ai pas assez protégée contre les trahisons. N'est-il pas évident que tous ces gens qui s'en vont, comme Bouna, rejoindre Dahani, emportent avec eux de l'eau georgine en cachette ? Ces traîtres vont en masse rejoindre Dahani et produiront sur le continent chinois le miel de Mélitys. Et Mélitys sera ruinée, se disait Goliath en s'arrachant les cheveux. Il faut de toute urgence créer de nouvelles lois obligeant ceux qui partent à être fouillés avant leur départ. Et pourquoi pas des nouvelles lois interdisant de quitter l'île sans une autorisation spéciale signée par moi-même… Ce qui permettrait de contrôler et de surveiller sévèrement les entrées et les sorties.

Goliath écrivait nerveusement ces projets de loi sur un papier, avec force détails.

Le doge soumit ses projets à la population, qui les approuva. On mit en place un système de contrôle et de fouille de tous ceux qui quittaient l'île ou qui y entraient. Le système posait de nombreux problèmes aux pêcheurs, qui partaient en mer et revenaient tous les jours et que l'on soupçonnait de trafic. De sorte que Giorgio, que tout cela empêchait de dormir et qui préférait mille fois la Mélitys d'avant, se présenta au palais devant le doge Goliath Ier et lui demanda d'abandonner toutes ces mesures de sécurité et de surveillance. Si Goliath refusait, Giorgio lui remettrait sa démission. Il ne serait plus ministre du miel et, peut-être, il ne serait plus son ami.

Goliath eut un sourire narquois et dit :

— Tu crois, cher Giorgio, que ces mesures de sécurité sont inutiles ? Sache que nous avons intercepté cette nuit trois barques de pêcheurs chargées d'eau georgine, que ces traîtres allaient vendre ailleurs. Ce n'est pas le moment d'abandonner les nouvelles lois de surveillance, mais au contraire de les renforcer et de se féliciter de les avoir établies. Les trois pêcheurs coupables et leurs associés ont été arrêtés et je viens de donner l'ordre de construire de nouveaux étages à la prison, qui est devenue trop petite.

Goliath semblait triomphant. Giorgio, décidément, ne le reconnaissait pas. Mais c'est Goliath qui lui lança :

— Mon cher ami Giorgio, je ne te reconnais pas. Toi qui aimes Mélitys et qui n'as pas hésité à détourner ta source pour tous les habitants, tu ne te soucies plus de ton île et de sa prospérité ?

Tu veux la laisser aux traîtres qui, pour s'enrichir, ruinent la communauté ?

Giorgio se sentit un peu perdu, en rentrant chez lui. La lune était ronde et resplendissait sur l'océan. Qui avait changé ? Goliath ou lui ? Qui avait raison ? Il regarda sa source et eut envie d'y planter un écriteau qui dirait : « Source (de tous nos problèmes). » Mais cette fois encore, il y renonça.

8

Trois mois plus tard, Giorgio constata que la prison, qu'on avait agrandie et qui ressemblait à une haute tour de dix étages, était désormais visible depuis sa maisonnette et depuis la source. Son magnifique panorama était gâché. Il serait obligé de se souvenir sans cesse que des malheureux étaient enfermés à cause de son eau.

À la même époque, des espions, que Goliath avait envoyés en Inde, rentrèrent à Mélitys et annoncèrent que l'eau georgine n'avait pas fonctionné là-bas. Que le miel produit par le cousin de Dahani s'était révélé parfaitement quelconque.

Cette nouvelle, qui aurait dû réjouir tout le monde, plongea au contraire le doge Goliath Ier dans un abîme de questionnements. Mais d'où, alors, venait le miel fabuleux de Mélitys ? Le secret n'était donc pas découvert tout à fait ! Il fallait de toute urgence percer ce mystère et le conserver à jamais.

Le doge réunit les habitants les plus savants et les plus perspicaces et mit toute son énergie à étudier l'origine du miel fabuleux, qu'ils étaient capables de produire, mais qu'ils ne comprenaient pas encore. Plusieurs centres de recherche furent mis sur pied, dont le principal se trouvait à côté de la source, c'est-à-dire à côté de chez Giorgio, qui avait déjà perdu la beauté pure de son panorama, et qui perdait à présent sa solitude et sa tranquillité.

Goliath Ier voulait tellement le bien de Mélitys qu'il redoubla de lois pour la protéger : interdiction de s'approcher des centres de recherche et interdiction même d'en parler. Les centres de recherche, répartis un peu partout sur l'île, s'étendaient parfois sur de vastes zones, où les savants recueillaient des échantillons de terre, d'eau et mille petites choses. Des barrières les encerclaient. Il n'y avait plus guère moyen de se promener librement sur Mélitys. Parfois, des poules et des moutons franchissaient les périmètres de sécurité et les habitants n'osaient pas aller les récupérer, par peur de l'interdiction. Mais tout le monde disait néanmoins : c'est pour notre bien, c'est pour le bien de Mélitys.

9

Parce que les savants avaient émis l'hypothèse que le secret du miel venait peut-être d'une variété particulière d'abeilles, qui n'existerait que sur Mélitys et qui se serait développée grâce aux propriétés de l'eau georgine, Goliath Ier proposa une nouvelle loi : tendre un immense filet autour de l'île, afin d'éviter toute fuite des précieuses abeilles. Ce serait un filet aux mailles très serrées, mais qui laisserait passer l'air et la lumière.

Goliath s'apprêtait à consulter la population pour obtenir son accord. Giorgio n'imaginait pas que quiconque sur Mélitys puisse accepter une telle loi, et encore moins la désirer. Il alla se promener au village et sur la plage, parmi les pêcheurs, où il découvrit avec stupéfaction que les gens comptaient accepter la proposition.

— Vous tenez vraiment à vivre sous un filet ? demanda-t-il à quelques personnes.

— Bien sûr que non, lui répondit-on. Mais il vaut mieux cela que de perdre nos abeilles, et notre secret.

Soudain, Giorgio se sentit honteux. Honteux de ses compatriotes, qui avaient exilé Dahani, et qui maintenant préféraient vivre sous un filet.

— Ce filet tendu sur l'île, disait encore Giorgio aux gens, c'est faire de Mélitys une vaste prison. C'est cela que vous voulez ? Auparavant, il n'y avait même pas de prison, à Mélitys. Désormais, il n'y aura plus rien d'autre !

Giorgio reçut une pierre dans le dos et une autre l'atteignit à la nuque. Il se retourna mais ne vit pas qui avait pu lui lancer ces cailloux.

Le lendemain, quelques heures avant le vote de la loi du grand filet, Giorgio distribuait un peu partout des papiers où il avait écrit sa pensée, dans l'espoir que les gens, en lisant silencieusement ces tracts, réfléchiraient aussi silencieusement, et ne se laisseraient pas influencer par les autres. On pouvait lire sur ces billets :

« Tu nous as apporté la richesse, Goliath ; mais maintenant, tu nous retires la liberté ! »

Et, au verso :

« Refusons la loi du filet ! »

Quelques heures plus tard, la population se rassemblait au palais de Goliath Ier et soutenait la loi du filet. La chaise du ministre du miel était vide. Giorgio était derrière tout le monde, avec quelques papiers encore dans les mains. Quelqu'un dit, très fort :

— Oui à la loi du filet ; non aux ennemis de Mélitys. Giorgio, en prison !

Goliath ouvrit de grands yeux étonnés. Mais d'autres reprenaient déjà :

— Giorgio, en prison !

Goliath demanda ce qu'on reprochait à Giorgio et la foule répondit :

— Il nous décourage !

— Il ne veut pas que nous protégions Mélitys !

— Il veut que Mélitys se perde !

— Il veut que Mélitys ne soit plus Mélitys !

— C'est un espion étranger !

— Si tu ne le jettes pas en prison, Goliath, tu es toi-même un ennemi de Mélitys !

Goliath était inquiet. Il savait qu'une partie de la population qui n'était pas favorable au filet était restée chez elle et n'était pas venue au palais.

Cela signifiait que tout le monde n'était pas contre Giorgio.

Goliath demanda à réfléchir.

— Si tu demandes à réfléchir, Goliath, dit la foule, si tu hésites à punir un ennemi de Mélitys parce qu'il a été ton ami d'enfance, alors tu n'es plus digne d'être le doge de Mélitys et nous te chasserons aujourd'hui même et nous te remplacerons par quelqu'un de plus courageux !

Goliath appela Giorgio. Giorgio répondit :

— Je suis là !

Goliath le fit jeter en prison. Giorgio, respectant la décision du doge, se laissa emmener. Mais il ravalait ses larmes. Il regardait durement les gens et leur disait :

— Un homme libre sera derrière les barreaux et le filet couvrira des prisonniers !

La rumeur se répandit partout que Giorgio avait été emprisonné. Et qu'il avait proclamé : « Ce n'est pas moi que Goliath met en prison, c'est vous, sous le filet ! Ce n'est pas moi que tu as mis en prison : c'est tout Mélitys. »

10

L'ironie du sort voulut que la dernière cellule libre de la prison, qui était malheureusement très pleine, se trouvât au dernier étage. Et de là-haut, Giorgio, à travers les barreaux, voyait sa maisonnette et le grand panorama.

Le jour même, on commença les travaux du filet. Le chantier était énorme et fascinant. Les abeilles, qui avaient moins d'espace pour voler, désormais, semblaient plus nombreuses.

Goliath n'osait pas aller voir son vieil ami Giorgio en prison parce qu'il ne savait plus si c'était son ami. Était-il encore possible d'être l'ami de quelqu'un qui vous avait mis en prison?

Personne n'avait défendu Giorgio le jour où on l'avait arrêté. Mais depuis qu'il était enfermé, tout en haut de la tour de la prison, bien des gens pensaient à lui. Les travaux du filet avançaient et ils se rendaient compte qu'il aurait fallu écouter Giorgio et le suivre.

Un Mélityssien du nom de Pouho se mit à distribuer des papiers, comme Giorgio l'avait fait, avec des messages qui ressemblaient à ceux que Giorgio aurait pu écrire. Par exemple:

« Ce n'est pas Giorgio que Goliath a mis en prison: c'est tout Mélitys! »

D'autres Mélityssiens soutenaient Pouho, distribuaient ses petits papiers qui, au bout de peu de temps, étaient devenus presque un petit journal. On y donnait mille et une raisons d'arrêter les travaux du filet, de libérer Giorgio et de renvoyer le doge Goliath Ier.

Goliath fit arrêter Pouho et confisquer son journal. Pouho se retrouva dans une cellule voisine de celle de Giorgio.

Goliath avait peur, car la population de Mélitys était de plus en plus divisée. Un nombre toujours plus grand soutenait la cause de Giorgio et pensait que, finalement, toutes ces mesures de protection de l'île apportaient plus de malheurs que de sécurité. Ils étaient des dizaines, des centaines. Goliath ne pouvait pas les faire arrêter tous.

L'autre partie de la population, au contraire, trouvait que Goliath n'était pas assez sévère. Ils montaient au palais pour lui dire :

— Te souviens-tu de Dahani, que tu as exilé ? Tu aurais dû le condamner à mort, afin que personne ne veuille suivre son exemple. Au lieu de quoi, tant de Mélityssiens ont quitté l'île, à cette triste époque.

— Je m'en souviens, répondait Goliath.

— Ne commets pas la même erreur à présent, lui répétaient les Mélityssiens. Condamne Giorgio à mort, dès aujourd'hui. Sinon, chaque jour, il gagnera de nouveaux partisans ! Et tu seras chassé par eux !

Goliath ne dormait plus. Chaque nuit, il faisait le cauchemar d'une guerre civile. Il voyait les partisans de Giorgio se rassembler, monter au palais et s'emparer de lui. Et quand il se réveillait, il entendait ses partisans à lui le menacer de le chasser s'il ne condamnait pas à mort son prisonnier.

11

Le bonheur avait quitté Mélitys depuis longtemps, le matin où l'on apprit la mort de Giorgio.

Goliath pleurait sur ce qu'il avait fait à son ami, mais ses conseillers le consolaient : il l'avait fait pour la sécurité de Mélitys. Ils l'encourageaient à accélérer les travaux du filet.

Ses conseillers lui disaient cela, en même temps qu'il apprenait qu'au village, des groupes de partisans de Giorgio étaient occupés à se battre contre des groupes de ses partisans à lui. Plusieurs maisons avaient brûlé.

— Quelle belle sécurité, dit-il amèrement…

Goliath ne trouva pas d'autre remède que de durcir encore les lois. On construisit deux tours de prison supplémentaires et les principaux partisans de Giorgio et de Pouho y furent enfermés. Le calme se fit à nouveau. Mais le pire était à venir.

Ces disputes, ces bagarres avaient éloigné les Mélityssiens de ce qui, en principe, était si précieux pour eux : le miel. Beaucoup de ruches avaient été détruites pendant les bagarres et lors des incendies. La production baissa. Des réserves de pots avaient été perdues, elles aussi. Une bagarre avait même eu lieu à coups de bocaux.

Mais surtout, sans que personne ne puisse expliquer pourquoi, le miel se mit à perdre son goût. Cette saveur particulière qui en faisait de loin le meilleur miel du monde, disparut progressivement. Les acheteurs, venus de loin, s'en aperçurent les premiers. Les Mélityssiens durent admettre que c'était vrai.

Les partisans de Goliath accusèrent les partisans de Giorgio d'avoir empoisonné la fontaine georgine. Les partisans de Giorgio n'avaient quant à eux qu'une seule explication, qui les rendait encore plus tristes : le miel avait perdu son goût depuis la mort de Giorgio. Le secret de l'eau georgine, dirent-ils, c'était Giorgio. Sans Giorgio, plus d'eau georgine, et plus de buissons aux fleurs plus violettes et plus bleues, et plus de bonheur chez les abeilles et plus de saveur dans le miel.

La ruine de Mélitys fut aussi rapide qu'avait été fulgurant son enrichissement. Du jour au lendemain, les acheteurs cessèrent de venir. Le port et ses jolies grilles dorées ne servaient plus à rien. Le filet, tendu déjà sur une moitié d'île, tomba en lambeaux. Goliath avait disparu sans que personne ne sache où et comment il était parti.

On essaya de vivre comme avant, sur Mélitys. On voulut rappeler Dahani. Mais Dahani ne revint pas. Petit à petit, la population quitta l'île, allant chercher ailleurs un endroit où vivre heureuse et libre. Certains jurèrent d'y revenir, pour l'honneur de Giorgio.

Ils le feront un jour, peut-être.

Dans la ville d'Hamelcar

JEAN JAUNIAUX

— VIENS ! VIENS ! Il va commencer !

Zineb était venue me chercher au petit-déjeuner, dans le restaurant de l'hôtel Intercontinental. Je mettais de l'ordre dans mes notes et dans les bobines des films déjà tournés pendant les premiers jours de ce reportage. La rencontre avec Sinbad devait être le point culminant de cette expédition dans l'Atlas. Au cours de la préparation des différentes étapes du voyage, Zineb avait tellement insisté pour cette étape dans son village natal que j'avais cédé. Au téléphone, malgré la piètre qualité de la communication, – les lignes avaient encore été endommagées par un orage de montagne –, elle m'avait convaincu de rester un ou deux jours de plus et de filmer, mais surtout d'enregistrer, Sinbad.

— Mathieu !

Pas un seul des clients de l'Intercontinental ne pouvait encore ignorer mon prénom. Tous les convives avaient tourné le regard vers la petite Africaine qui criait mon nom en sautillant de table en table.

— Viens ! Viens ! Il va commencer !

— Du calme, Zineb. Nous nous mettrons en route une fois le matériel vérifié et préparé. Sinbad sera encore là demain, après-demain et les jours suivants. En revanche, si je m'aperçois que je n'ai rien enregistré lorsque je serai rentré, parce que j'aurai oublié de remplacer les piles de mon *Nagra*, ou de recharger les batteries de la caméra, alors Sinbad sera définitivement rayé de la liste de nos témoins, parce que je n'aurai plus le budget, ni les arguments pour convaincre mon directeur de financer une nouvelle expédition. Je serai déjà parti ailleurs…

Zineb avait consenti à s'asseoir, le temps que je termine de régler le *Nagra*. Depuis la Grande Catastrophe, celle qui avait définitivement effacé toutes les données digitales, je devais me réhabituer à l'emploi de cet enregistreur. Les anciens supports avaient refait surface, comme le film argentique, la bande magnétique, le papier, l'encre, ainsi que les appareils qui permettaient d'en faire usage : ma caméra – une *Coutant* des années mille neuf cent soixante – et mon enregistreur à bandes, le *Nagra*, la *Rolls-Royce* des enregistreurs sonores analogiques.

Afin de retrouver ces appareils, il avait fallu vider les musées, les caves et les greniers des écoles de cinéma et des bibliothèques. Soudain, on bénissait ce qu'on avait dénigré pendant des décennies. Que n'avait-on pourtant argumenté pendant des générations pour éliminer tout ce qui n'était pas stocké dans des nuages virtuels, ballons fragiles suspendus par autant de fils invisibles qu'il y avait d'usagers !

Mon grand-père m'avait légué un équipement de reportage, qu'il tenait d'un de ses grands-oncles, un aventurier qui sillonnait le monde et en rapportait le témoignage des guerres que les nations se livraient encore. Aujourd'hui, la rumeur bruisse, prétend que ces conflits pourraient ressurgir. Les rivalités entre nations, entre ethnies, entre communautés de tous ordres, même religieux, menacent de réapparaître, nourries par les légendes qui ont remplacé la mémoire collective. Cette mémoire que nous avons mis trois générations à envoyer dans des nuages aujourd'hui évaporés. Il est devenu facile de réécrire l'histoire pour ceux qui le veulent : tout souvenir collectif a disparu.

On avait stocké dans le nuage toutes les connaissances objectives : les domaines scientifiques, bien sûr, mais aussi les témoignages des tragédies que l'humanité avait vécues et qu'elle s'était promis de ne plus subir. Lorsque surgissaient alors, comme d'anciennes fièvres dans un corps malade, des velléités guerrières, la conscience collective faisait instantanément son office. Sur tous les écrans, dans tous les foyers, des épisodes du passé venaient illustrer la menace. On revoyait les images du siècle de tous les malheurs, celui qui avait conduit l'humain au bord du gouffre : soldats dans les tranchées de la guerre 14-18, camps d'extermination, bombe atomique sur Hiroshima, Viêt-Nam, Cambodge, Révolution culturelle en Chine, guerres d'Irlande et, en point d'orgue, l'assassinat de quatre enfants sur une plage de Gaza, ce moment qui, selon les historiens de la conscience, avait tout déclenché parce qu'il incarnait la fin de l'humanité, parce qu'il avait mis un terme définitif à l'innocence et à l'impunité.

Toutes ces images, tous ces témoignages que l'on avait pensé préserver à jamais avaient donc disparu, laissant champ libre aux manipulateurs. On chantait à nouveau le bienfait des croyances au nom desquelles les hommes tuaient des enfants. Ces maudites religions, prétendument spirituelles et impunément matérielles. Aux noms de Dieu on se battait. Il fallait être aveugle et sourd pour ne pas se rendre compte que Dieu n'avait rien à voir dans tout cela. Il suffisait de lire les traités de paix qui concluaient les conflits avant même que la terre ait le temps d'absorber le sang, les larmes et les chairs. Traités qui consacraient la conquête, la victoire de l'option guerrière sur le partage et l'intérêt commun.

— Mathieu ! Je te raconterai en route. Tu ne seras pas déçu !

J'abandonnai mes rêveries moroses et la salle du petit-déjeuner pour me lancer dans le sillage sautillant de Zineb qui, en se retournant tous les cinq pas, continuait de me houspiller.

— Dépêche-toi !

Nous traversâmes les quartiers huppés du centre-ville, et empruntâmes ensuite les ruelles de la Médina. Je savais qu'en son centre s'ouvrait une place donnant sur un ancien amphithéâtre romain. C'est là que Sinbad était attendu, chaque semaine, par des dizaines de spectateurs impatients de le retrouver.

— Nous avons rendez-vous dans sa loge, m'avait annoncé pompeusement Zineb, fière d'avoir obtenu cette entrevue.

Elle s'était emparée du pied de caméra et forçait le passage à l'aide de cet engin qui faisait facilement le double de sa taille et de son poids.

Au moins, je ne la perdais pas de vue : il me suffisait de distinguer dans l'éclat du soleil la tête de Zineb et les tiges en acier du pied. Et si, par malheur, elle me semait, mes oreilles prenaient le relais : son sillage était escorté de « Oh » et de « Ah », autant de cris de surprise et d'indignation proférés par les passants.

Zineb atteignit l'entrée de l'amphithéâtre avec une belle longueur d'avance sur moi, encombré par la caméra, le *Nagra* et le sac dans lequel je transportais la pellicule, les bandes magnétiques, les câbles, les micros et tout le barda nécessaire. Et, contrairement à Zineb avec le pied, je ne pouvais pas me servir de cet équipement comme d'une machette.

Elle trépignait devant les gardiens avec qui elle palabrait déjà depuis de longues minutes. Elle était parvenue à un accord, mais redoutait que les gorilles changent d'avis. Un des deux gaillards inspecta mon sac et regarda chacun des objets tout en essayant de dissimuler qu'il n'en identifiait aucun. Il choisit de prendre le risque: même inconnu, tout cela semblait inoffensif. Nous franchîmes la double porte de bois massif et nous dirigeâmes vers la loge de Sinbad. Un long couloir, éclairé au néon, nous y menait. À intervalles réguliers, des anciennes meurtrières percées dans la muraille nous donnaient à entendre la rumeur du public. Parfois, une *ola* ondulait d'un gradin à l'autre, accompagnée d'une joyeuse mélopée. Le public tapait en rythme dans les mains, sonnant comme un rappel pour un spectacle qui n'avait pas encore eu lieu. L'amphithéâtre était bondé alors que le spectacle n'était programmé qu'à dix heures, en milieu de matinée. Il nous restait donc une petite demi-heure pour l'interview. Trente longues minutes d'attente pour le public.

Devant la porte de la loge, il fallut à nouveau montrer patte blanche au gardien. Même s'il était d'apparence moins patibulaire avec ses lunettes ovales cerclées d'argent, son visage rond et souriant et ses cheveux bouclés, il n'en était pas moins exigeant. Il vérifia attentivement l'adéquation des photos de nos passeports avec les visages exténués de coureurs de fond que nous arborions.

C'est finalement Sinbad qui nous fit entrer. Il avait ouvert la porte, sans doute préoccupé de ne pas nous voir arriver, et s'était exclamé, en voyant Zineb :

— Te voilà enfin ! Entre et présente-moi ce Mathieu dont tu me rebats les oreilles depuis une semaine…

Il tourna son grand sourire vers moi, les mains tendues pour s'emparer des miennes et les presser avec une gentillesse amicale et énergique.

— Installez-vous. Zorba va nous apporter du thé.

Le jeune homme aux lunettes d'argent s'affaira. La bouilloire frémissait déjà sur la gazinière et les feuilles de thé se déployèrent dès qu'il versa l'eau bouillante. J'installai le *Nagra* sur la table basse et invitai Sinbad à prendre place dans un fauteuil où la lumière me semblait intéressante. Zineb avait déjà installé la caméra sur le pied et placé un réflecteur qui nimbait Sinbad d'une lueur douce destinée à le détacher du fond, un mur de crépi blanc crème.

Tout en installant le micro-cravate et en réglant les niveaux du *Nagra*, j'expliquai à Sinbad l'importance de recueillir son témoignage et de filmer une partie de son récital. L'objectif de ce reportage était autant de raconter son aventure que d'inspirer d'autres conteurs à suivre son exemple. Ce que le vieillard avait réalisé était tellement simple, tellement évident et accessible, que quiconque partageant son idéal pourrait dupliquer l'expérience.

— Il n'y a rien de bien sorcier dans mon travail. J'ai passé une grande partie de ma vie à lire. Le hasard a fait que je vivais dans un coin reculé du monde. La modernité, ou ce qu'on désigne ainsi, n'y est arrivée que tard. C'était dans le village d'Hamelcar. Il s'agissait d'une ville à nos yeux : 200 000 habitants, ce n'était pas rien, mais c'était insignifiant en regard des mégalopoles. C'est vous dire quel confetti nous étions à l'échelle des vraies villes. Depuis la nuit des temps, elle s'était déployée dans une vallée encerclée de montagnes dont la plupart culminaient à plus de 3 000 mètres. C'est sans doute cela qui nous a, en quelque sorte, retardés...

Sinbad nous adresse un sourire malicieux et porte à ses lèvres la tasse de thé que lui tend Zorba ; Zineb me fait un clin d'œil m'indiquant qu'elle maîtrise l'image et qu'elle est sous le charme de la scène filmée. Elle sent que je suis enchanté de l'avoir suivie.

— La cité d'Hamelcar vivait en autarcie. Les campagnes nous fournissaient de quoi nous alimenter, un barrage produisait de l'énergie électrique en abondance, un aéroport accueillait chaque semaine un vol provenant de la capitale et nous permettait, en cas de nécessité, d'envoyer les malades que nous ne pouvions soigner nous-mêmes dans les hôpitaux et les cliniques de la cité. Cette ligne aérienne régulière alimentait également les cinémas et les librairies de la ville des dernières productions. Seul Internet ne nous atteignit jamais : l'État reportait sans cesse les investissements nécessaires. Hamelcar devint ainsi le dernier lieu où des livres en papier étaient conservés, ainsi que des films sur pellicule. Les bibliothèques et les cinémathèques avaient développé leurs réserves d'archives puisque plus personne, en dehors d'Hamelcar, ne pouvait ou ne voulait les consulter. À cette époque, vous – il me désigna ainsi que Zineb – aviez déjà commencé à transférer votre mémoire sur des supports immatériels.

Zorba nous fit signe que l'heure de la représentation approchait et qu'il faudrait bientôt libérer Sinbad. D'un geste, l'homme apaisa l'impatience de son employé et poursuivit l'histoire d'Hamelcar de sa voix claire.

— La suite, vous la connaissez. Tout le monde la connaît. La mémoire des hommes a disparu, le temps de la barbarie est revenu. Mais à Hamelcar, nous avions vécu hors du temps. Il nous restait les histoires que les hommes avaient inventées et que nous lisions, que nous regardions, que nous écoutions. Aujourd'hui,

Hamelcar est devenu un sanctuaire de la mémoire, mais personne ne s'intéresse à nous pour autant, hormis quelques idéalistes comme Zineb et vous, Mathieu. Votre nouveau mode de vie n'a plus besoin de fictions ni d'histoires. Ici à Hamelcar, nous sommes considérés comme des sauvages, comme les aborigènes d'antan. Nos activités semblent dérisoires. Vous avez filmé la cité et vous avez vu ces hommes et ces femmes qui, le soir ou le week-end, vont au théâtre ou au cinéma, lisent des livres ou assistent comme aujourd'hui à des récitals de contes. Si tout cela était vraiment important, ne pensez-vous pas que des armées auraient déjà franchi ces montagnes pour s'en emparer ? Votre film, qui le verra, chez vous ? Quelques amis que vous réunirez parce que vous disposez encore d'un projecteur et d'un écran ? Qui aura la curiosité de vous interroger sur ces livres dont vous avez filmé les bibliothèques ? Il est trop tard. Cinq, six générations se sont déjà succédé sans histoires et sans mémoire. Hormis à Hamelcar, elles n'ont plus de place.

Sinbad se leva.

— Mais vous êtes le bienvenu. Rien ne vous oblige à retourner là-bas…

Il me sourit et prit mes mains entre les siennes.

Il répéta : « Vous êtes le bienvenu », puis se retira dans un bureau où, nous expliqua Zorba, il aimait se retirer et méditer quelques instants avant d'entrer en scène.

Je rangeai le *Nagra* et les micros dans mon sac. Zineb m'interrogea du regard, mais je devinai qu'elle savait déjà. Je ne quitterais pas Hamelcar.

À sa suite, j'entrai dans l'amphithéâtre. Nous prîmes place parmi la foule impatiente. Lorsque Sinbad entra en scène, le silence enveloppa l'amphithéâtre comme d'un voile de brume. Une chaise en bois et une table meublaient le décor nu. Un faisceau de projecteur dépliait son ombre sur le sol et autour de Sinbad, qui s'assit et raconta l'histoire d'Hamelcar, la cité où les livres abritaient encore la mémoire des hommes, dans le cercle des montagnes infranchissables qui, depuis la nuit des temps, protégeait les histoires qu'ils avaient vécues, mais surtout celles qu'ils avaient inventées.

Zineb avait pris ma main dans la sienne et la serrait en souriant.

— Tu sais, Mathieu, Sinbad m'a adoptée lorsque j'ai été abandonnée aux portes d'Hamelcar par l'armée qui m'avait enlevée avec des dizaines d'autres enfants. Il m'a proposé de m'apprendre ce qu'il sait. Il m'a dit : *C'est au tour des petites filles comme toi de prendre la relève, de raconter la légende d'Hamelcar, de chanter ce que nous disent encore et à jamais les livres.*

En serrant un peu plus ma main, elle a murmuré :

— Aujourd'hui, comme tous les jours, je suis là pour apprendre. Comme toi…

Crime d'honneur

HUBERT HADDAD

JUSTE APRÈS LE CONSEIL DE FAMILLE, on m'a assise de force sur une chaise, la plus délabrée de la maison, puis on m'a lié les mains derrière le dos. J'ai dit : ne me faites pas de mal, surtout ne me blessez pas. C'étaient mes dernières paroles. Mon père a enfoncé un mouchoir sale dans ma bouche. Ses yeux avaient la dureté éteinte du bois. Mes frères aînés et mon grand-père l'ont aidé à me soulever. Aucun son ne passait leurs lèvres. Tenue à bout de bras, la chaise se balançait au-dessus des têtes. Grand-mère mordait la pointe de son fichu. Incapable d'un geste, l'ombre de maman croisait ses mains de morte ; elle ne semblait pas inquiète, mais des rides inconnues plissaient tout son visage. Seul le petit frère s'effrayait du tumulte. Il sanglotait dans un coin. Moi non plus, je ne comprenais pas. Les hommes m'ont conduite au jardin. Il était tard, minuit peut-être. Une chaleur animale montait de la terre. Mon cœur battait si vite que je n'avais plus peur. Le sang avait rattrapé les pensées. On me trimbalait en pleine nuit renversée sur une chaise. À travers les branches des mandariniers, j'ai vu briller les pointes du ciel. À seize ans, les filles rêvent de satin bleu. Mais le ciel se replie sur vous comme un drap. Je raconte de si loin cette histoire. J'ai pardonné, même à mon père. L'honneur des hommes a la consistance larvaire du sommeil. De si loin, ma mémoire se reflète. Il faut revivre sans fin chaque seconde. C'était hier, dans une région semée de ruines où les rochers ont l'air humain. Des salines asséchées étincelaient au matin, du côté des montagnes. On habitait dans le quartier des miroitiers. Quel poète a écrit : « Les miroirs vous regardent avec leurs initiales et leurs cadres dorés aux rouges roses peintes » ? J'aimais chanter à tue-tête. Mes frères se moquaient de moi. « Les poules ne feront jamais se lever le soleil ! » Et ils me fourraient le bout de mes nattes dans la bouche.

Au collège, j'avais une seule amie, fille d'un vieux miroitier presque aveugle. Les autres l'accusaient de sourire aux étrangers et de se mirer dans les puits. Naciye inventait sans arrêt des histoires. Celle de la fée Morgue était ma préférée. Voici son secret : le jour, elle est une pierre au bord du chemin, la nuit, une rivière qui coule aux côtés des loups et des renards. Je me suis vite rendu compte que mon amie était double. Au collège, pour se défendre du mystère de ses yeux, on la surnommait Naciye la Simple. Elle m'avoua en pleurant presque qu'elle changeait de nom la nuit, qu'elle devenait Selda.

Nous nous rejoignions chaque matin à l'angle de nos deux rues. Ensemble, nous empruntions le Chemin sans limite qui mène au collège par une bifurcation. Naciye m'entraînait joyeusement dans sa course. C'est extravagant comme elle sentait bon. Aux beaux jours, les abeilles la prenaient pour un buisson de roses ou d'aubépines. Mais le soir, de retour à la fabrique de son vieux père, elle semblait inquiète et perdait sa gaieté. « Tu ne peux pas comprendre, l'eau est si transparente, la lumière descend par un trou… » Naciye la Simple devenait l'autre déjà, celle qu'on cachait derrière les grands miroirs : Selda du soir ! Vite rentrée à mon tour, il fallait affronter le regard des frères et des pères. Une minute de retard me valait bien des cris. Ma mère arrêtait la main déjà levée. J'ignore à quelles besognes s'occupaient les hommes. L'un prenait son vélo au petit jour, l'autre partait à pied du côté des salines. Le grand-père cassait du bois sur le ciment avant d'aller prier. Il donnait des ordres du bout de sa canne. « Une fille doit obéir. À la moindre faute, chez nous, on lave l'honneur. On lui donne une corde pour qu'elle aille se pendre. Rien n'est plus précieux que l'honneur : si on ne le lave pas, les voisins se détournent. La honte retombe sur nos têtes. » Grand-père le rappelle haut et fort. Et attrape cette gifle pour comprendre ! Mon père n'était pas si fâché. Il sacrifiait le mouton sans plaisir. Le sang jaillissait dans un salut vers les saints lieux. Mes frères commençaient à m'épier :

— La honte sur toi si tu montres tes chevilles. D'abord, on t'interdit de parler à la fille du miroitier.

— Vous êtes fous, c'est mon amie !

Ils s'esclaffaient, la bouche pleine d'ombre.

— On l'a vue presque nue sur les toits une nuit de lune. Elle mérite d'être brûlée vive.

Dans ma chambre, sous les combles, j'ai cousu mes lèvres. Là-haut, dans l'alcôve, j'ai attendu la nuit pour surveiller les terrasses et j'ai vu certaine fois la belette rousse, le renard et le serpent au clair de lune. Mais aucune fille dansant sur ses pieds nus.

Naciye la Simple m'attendait toujours sur le Chemin sans limite. Le matin, sa fraîcheur de chèvrefeuille et de jasmin étonnait même les chats. Et les hommes aux boutons arrachés et aux souliers jaunes, un taffetas de deuil en travers de la face, déshabillaient de l'œil les rieuses. À seize ans, quand on est fille, il faut se garder des regards comme des pluies glacées. Les mères sont des tombeaux où souffle le soupçon et les pères des armes blanches grinçant dans leur fourreau. Naciye me le disait à midi, lorsque l'ombre ne nous cachait plus.

— Pour eux, nous ne sommes que des pastèques à vendre intactes !

Comme elle riait, Naciye !

— Nous ne sommes que des vers luisants dans de petites lanternes.

Elle laissait voir en riant le piment de sa langue. Soudain, du verre brisé tombait de ses yeux. Naciye pleurait à l'heure des chevelures flottantes.

Côte à côte, après la classe, nous allions d'un pas ivre et lent. Le vent se levait bien avant l'étoile du soir. Elle me serrait la main si doucement que mes phalanges tremblaient comme les antennes du scarabée. C'est sur le chemin du retour qu'elle me racontait les présages. Nous les filles étions faites pour plaire à des sortes d'anges, mais la plus belle a préféré le démon fourchu.

— Notre punition, tu la connais.

Le Chemin sans limite s'arrêtait au carrefour du crépuscule. La fille du miroitier m'embrassait alors d'un air éperdu. Ses joues avaient pris des couleurs. Si différente en fin de journée, elle vacillait un peu sur ses talons plats.

— Attends, disait-elle, ne me laisse pas encore. J'ai un peu peur du réveil des ombres. Leurs vêtements sont nos draps. Quand elles se déshabillent, c'est que nous rêvons. Les ombres la nuit sortent des miroirs. J'en sais quelque chose. Des fois, j'aimerais me jeter dans un puits.

Je m'aperçus un soir avec angoisse que l'étoile palpitait au-dessus des terrasses. Pourtant, la porte de chez moi resta close. J'appelai. Elle ne s'ouvrit pas davantage. Maman n'habitait plus la maison. Elle était morte à l'hôpital. Vieux et jeunes, les hommes rentrèrent finalement d'un pas de forçats. Personne ne me querella. On m'avait oubliée. Le voisinage investit la maison. Des femmes inconnues accoururent. On enterra maman et tout ce monde repartit bientôt. Restés seuls, mes frères et mon père prirent une mine consternée d'orphelins. Pour moi, plus question d'apprendre la géographie et les sciences. Mon devoir était désormais aux balais et aux fourneaux. C'est ainsi que passent les plus beaux rêves. En récurant les chaudrons, tout au fond du plus noir, je revis un jour le visage de maman. C'est que le chagrin attend son tour. Les femmes de mon pays n'ont que le fond d'un chaudron pour miroir. Je me suis à peine reconnue dans les suies du passé. Pourquoi l'esclave regarderait-elle ses chaînes avec coquetterie ?

Naciye fut brûlée vive un an plus tard à cause d'un veuf qui la voulait pour épouse. Malgré l'incompréhension de ses proches, l'homme fit sa demande au vieux miroitier presque aveugle. À peine plus âgé, ce dernier lui accorda volontiers cette main. Il lui tardait d'être déchargé d'une pareille fille. Un mariage chez nous n'est qu'un troc entre vieux, dans la douloureuse lumière. Mais Naciye n'a pas voulu. Elle a dit non, simplement. Le jour comme la nuit, elle a refusé. Un matin, on l'a rattrapée au-delà de la bifurcation, sur le Chemin sans limite. Alors, le soir même, dans une cour de ciment, les oncles et les cousins lui ont fait boire de force la moitié d'un bidon d'essence. Ils ont répandu l'autre moitié sur ses cheveux et sa robe. Elle a brûlé tout entière par les bras et les jambes, par la bouche et le ventre. Sans amour et sans haine, elle a brûlé, la belle Naciye. Et puis les gens ont effacé les traces dans la cour noircie comme dans leur mémoire. Il y eut une enquête. Personne n'a parlé, ni les voisins ni la famille. Le vieux miroitier a prétendu que sa fille se serait suicidée. A-t-elle voulu protester contre les traditions? Non, non, pas du tout! Naciye a mis fin à ses jours pour laver l'honneur de son père. La vérité pourtant criait. Moi aussi, je me suis tue. Je ne voulais pas être brûlée vive.

Une nuit, mes rêves furent habités. L'ombre de Naciye m'appelait du dehors. Il pleuvait. Un chien épouvanté jappait quelque part. L'ombre lançait sur mon carreau du fin gravier qui tintait comme la pluie. J'ai couru à ma fenêtre. L'ombre est revenue chaque nuit, toute une semaine, et j'ai cru perdre la raison. J'ignorais que Naciye avait une sœur cachée, une jumelle au regard de noyée. C'est elle, c'est Selda la sauvage que mes frères avaient cru voir danser presque nue sur les toits et parmi les reflets de la miroiterie. Elle m'appelait à minuit comme l'ombre de l'ombre. La septième nuit, réveillé par ses cris étranglés de hulotte, mon père a voulu chasser la folle. Selda s'est retournée sur le veuf, pieds nus, la robe relevée. Elle hurlait:

— Tu ne l'épouseras pas! Non, tu n'épouseras pas ma sœur!

J'ai serré mes poings contre les tempes et me suis souvenue de la fée fugitive, un jour pierre et l'autre rivière.

Quand les hommes m'ont rattrapée sur le Chemin sans limite, j'ai su quel sort m'attendait. Ils ne m'ont pas pendue à la poutre du grenier. Ils ne m'ont pas brûlée vive. Je n'ai même pas été battue. Mes frères ont trouvé une chaise bancale. Mon père a coupé trois longueurs dans une corde à linge. Puis ils sont sortis. Pieds et mains ligotés, j'ai attendu longtemps. On entendait un bruit de pelles et de cailloux. De retour, ils m'ont conduite à bout de bras au fond du jardin. Ils m'ont descendue toute assise dans une fosse ténébreuse à l'odeur de résine et d'excrément. La terre est retombée sur moi, elle a recouvert mes jambes de fille, elle s'est collée contre mes seins. Ma tête pouvait encore bouger. Les hommes là-haut comblaient la fosse avec ardeur. « Notre honneur est lavé ! » clamait l'un. « L'honneur de la famille ! » ajoutait l'autre. J'étouffais. Un masque si froid m'aveuglait. Alors, j'ai mangé la terre. Par les bronches et dans l'estomac, la fin du monde s'est insinuée. Une odeur de rose m'a saisie un instant. J'ai revu mon amie dans la lumière inversée, j'ai revu Naciye et son ombre Selda. D'un coup, le monde a basculé. Ne pleurez pas, ne dites rien. La mort est le secret du temps.

*

d'après un fait-divers ordinaire

Veyce et Ramine

Fariba Hachtroudi

RAMINE PÉNÈTRE À PAS DE LOUP dans la boutique. Le tenancier lui sourit, hoche la tête.

— Tu vas bien ? Tu peux y aller, la salle est libre. Tu as une heure. Pas une minute de plus. La liste d'attente est longue.

Le jeune visiteur murmure merci, le dépasse, s'engouffre dans la salle au fond du magasin. Il est heureux. Ses yeux brillent. Il fixe la myriade d'étoiles qui scintillent sur le fond indigo de l'écran ordinateur, en parfaite reproduction du ciel de leur désert. Son cœur s'emballe. Il va pouvoir *chatter* avec Veyce. Enfin.

Il bénit la boutique de Madi, le bazar fourre-tout et son coin club Internet. Le premier et le seul du village.

C'est grâce au directeur d'école de Ramine que Madi a obtenu, voici plus d'un an, son permis pour la connexion Internet. Le directeur et Madi avaient fait le siège de la sous-préfecture pour arriver à leur fin. Madi arpentait les couloirs et le directeur, le bureau du grand manitou.

— Pourquoi diable a-t-il besoin d'Internet ? Pour commander ses lentilles ?

Le sarcasme du sous-préfet ne découragea pas le directeur.

— Ce n'est pas pour lui, mais pour tout le monde, pour le public quoi ! Un club Internet dans l'arrière-boutique, c'est une bonne idée, tu ne trouves pas ?

— Un club Internet, rétorqua méchamment le sous-préfet avant d'éclater de rire. Pour le public, dis-tu ! Mais quel public ? Les vieillards, les femmes au foyer ou les trafiquants de passage ? Tous des illettrés. Quant à tes morveux, n'ont-ils pas déjà leur ordinateur connecté ? Tu m'as assez emmerdé avec ton foutu Internet à l'école. Ne t'avise pas de remettre ça. Tu sais l'énergie que j'ai dépensée pour t'obtenir les permis ! Tu n'ignores pas que le gouvernement est allergique aux boîtes à djinns, comme ils disent. Laisse tomber, je n'ai pas que ça à faire ! Un club Internet pour le trou du cul du monde. Un village de quatre mille âmes en bordure du désert le plus désolant de la planète veut s'offrir le luxe d'un club Internet ! Et puis quoi encore ?

Voilà ce qu'avait conclu Salman, le sous-préfet. Le directeur d'école, cette tête de mule, comme l'appelait le sous-préfet, ne baissa pas les bras pour autant. Il rappela à son ami d'enfance et décisionnaire des lieux que les deux écoles primaires – dont celle des filles – et l'unique lycée réservé aux garçons possédaient, en tout et pour tout, deux ordinateurs, dont un qui tombait en rade un jour sur deux.

— Moralité, conclut le maître d'école, nous disposons d'un ordinateur pour trois cents élèves ! Et tu le sais mieux que moi, Salman, ce sont les djinns des ordinateurs et non ceux de nos prêcheurs pouilleux qui mènent le monde. Je veux donner leur chance à ces gosses. Sans cela, comment suivront-ils les oscillations de la planète ?

Objecter étant le devoir, sinon la raison d'être, du sous-préfet, il s'y employa avec ferveur. Il expliqua, comme s'il parlait à un illustre étranger, la situation géographique de leur foutu désert en pleine zone de trafics en tous genres, énuméra, dates à l'appui, les récentes échauffourées entre les trafiquants et les forces de l'ordre, dont les militaires responsables de la sécurité des frontières, fit l'inventaire des saisies de drogue et d'alcool et soupira.

— Je sais tout cela, lâcha le directeur d'école d'une voix irritée, je connais par cœur ta litanie, pas la peine de m'échauffer les oreilles. Les responsables sont sur les nerfs, faut pas les brusquer, faut attendre le bon moment et bla bla bla… On sait tous les deux qu'avec le gouvernement, ce n'est jamais le moment, sauf quand tu le prends !

Comme toujours, la discussion entre Bahmi le directeur d'école et Salman le sous-préfet s'éternisa. Mais elle porta ses fruits. Un mois jour pour jour après leur entretien, Madi ouvrait son club Internet dans le trou du cul le plus désolé du monde et pour le plus grand bonheur de Ramine.

Il s'installe et tape : *prête pour le chat, Veyce ?*, envoie le message et attend. Depuis que Veyce, sa meilleure amie, celle de la petite enfance, celle qui partage ses joies et ses peines, celle qui, hélas, n'habite plus la maison voisine, à l'extrémité est du village, a quitté la région puis le pays, Ramine attend leurs retrouvailles. Car il la retrouvera, coûte que coûte, tôt ou tard.

Serai chez moi dans dix minutes et je me reconnecte. La réponse de Veyce avait mis à peine une minute à lui parvenir. La connexion est fluide, elle n'est pas filtrée, pense Ramine, soulagé. Les censeurs sont au repos ! Il souffle, les yeux fixés à la notification automatique du courriel de Veyce, *envoyé de mon iPhone*. Si seulement il pouvait en avoir un, lui aussi. L'iPhone qui leur permettrait de *chatter* à n'importe quelle heure du jour ou de la nuit, de s'entendre via les réseaux gratuits, de se voir. L'iPhone qui dévoilerait les perles des éclats de rire sonores de son amie. Le comble du bonheur. Mais l'engin coûte cher. Il n'a pas les moyens. Pas encore. Il soupire, ferme les yeux.

Elle se tient debout sous ses paupières. Elle est toute petite. Cinq ans, peut-être six. Deux grosses nattes lui tombent dans le dos, ses yeux ronds, pétillants, constamment étonnés, le subjuguent. Cette fille vient de tomber du ciel, de la voûte anthracite qui bouche l'horizon, criblée d'étoiles à portée de main. On dirait que ses grands yeux scrutent le monde pour le redécouvrir à chaque battement de cils. Veyce, la fille tombée du ciel, venue d'ailleurs, du monde d'en haut, d'une galaxie lointaine… Veyce et Ramine se connaissent depuis toujours. Ils ont grandi ensemble. Ils ont le même âge, la même taille, la même peau bistrée, la même bouche gourmande aux lèvres rieuses. Leurs yeux diffèrent en revanche. Ramine, qui les a plutôt bridés, les écarquille souvent. Ils finiront par s'arrondir, affirme-t-il. Veyce rit aux éclats en plissant les siens. C'est plus facile pour moi d'avoir tes yeux que l'inverse ! Malgré cette différence, on les prend souvent pour des jumeaux. Des faux jumeaux. Ne sont-ils pas nés la même année, le même jour, à quatre minutes d'intervalles ? Tous les ans, leurs parents fêtent conjointement leur anniversaire. Celui de leurs huit ans est l'occasion rêvée pour déclarer à tous leur statut de jumeaux effectifs et définitifs. Leurs parents respectifs n'ont qu'à l'officialiser. Ainsi, ils pourront vivre dans la même maison. Une semaine chez Ramine, l'autre chez Veyce. Ils n'auront qu'à faire quelques pas dans la même rue. Voilà le cadeau d'anniversaire qu'ils voudraient. Un cadeau digne de ce nom, disent-ils. L'étrange demande fait beaucoup rire les adultes. Réaction qui attriste Ramine et exaspère Veyce.

— Vous ne comprenez donc rien ? Dans un an, j'aurai neuf ans, hurle-t-elle avant de s'enfuir.

Elle ne soufflera pas les bougies du gâteau d'anniversaire. Ramine sait où la retrouver. Dans le hangar à l'abandon, derrière le dispensaire du village, squatté par un garagiste qui a mystérieusement disparu, un beau matin. Le lieu est tout naturellement devenu l'antre des amis. Une carcasse de voiture aux sièges défoncés recouverts d'un bout de tissu en velours, au milieu du tas de ferraille, de pneus crevés et d'outils rouillés, transformée en cabane secrète, à peine visible de l'extérieur. Elle les protège du monde des adultes.

Veyce l'attend. Les jambes repliées, le menton calé dans le creux des genoux joints, le regard flottant par-dessus le talus des pneus où elle vient de poser le pot rouge de son cactus, le cadeau d'anniversaire de sa grand-mère. Veyce adore les cactus. C'est sa plante préférée, dit-elle en répétant le credo de son mentor de grand-mère.

— Les cactus n'ont besoin de presque rien. Peu d'eau, peu de soleil, très peu d'air. Ils résistent à tout ou presque, ma fille. Sécheresses, tempêtes, pluies torrentielles, ça les traverse, mais sans plus ! Voilà le secret de leur bonheur et de leur longévité. Les cactus m'inspirent. Fais en autant, mais oublie leurs piques, ma petite chérie. Tu sors trop souvent les griffes. Ce n'est pas toujours nécessaire. Je sais bien que nos dictateurs arriérés volent votre enfance dans ce pays. Et que toi, trop mûre pour ton âge, tu en souffres plus que les autres enfants, ma pauvre chérie. Mais si tu veux atteindre tes objectifs, il te faudra apprendre, dès à présent, à maîtriser ta révolte. C'est ainsi que tu la canaliseras.

Veyce aperçoit Ramine qui referme le portail du hangar derrière lui.

— J'espère que t'as pas touché à leur saleté de gâteau ! Tu parles d'un anniversaire ! siffle-t-elle entre ses dents. Ils peuvent se le bouffer entre eux. Dans un an, on ne pourra plus se voir. Ils le savent et ils ne font rien. Je les déteste. Je déteste nos parents. Tous les autres avec. Je déteste les chiffes molles qui se taisent, ne disent rien, laissent faire. Pourquoi acceptent-ils des lois auxquelles ils ne croient même pas ?

Les yeux ronds lancent des étincelles, la bouche crache du feu, de la rage concentrée. Elle n'applique pas les leçons de sa grand-mère. Elle en est incapable pour l'instant. Un jour, se dit-elle. Quand elle ne sera plus sous ces latitudes. Le cœur serré, Ramine se glisse dans la cabane. Ils s'enlacent. Elle ravale ses sanglots.

Dans un an… Oui, dans un an, elle aura neuf ans, pense-t-il.

Et Veyce va avoir neuf ans. Comme lui. Un an passe si vite. Trop vite. Ramine l'attend sur le siège défoncé de leur cabane. Il est fébrile. C'est la veille de leur anniversaire respectif. Ils vont le fêter ensemble, en tête-à-tête. Elle sera là d'une minute à l'autre avec le thermos de thé, le gâteau au miel, spécialité de sa grand-mère, et des fruits. Mais ils n'arriveront pas à avaler quoi que ce soit. Il le sait. Il la voit dans l'éblouissement des rayons obliques du soleil qui percent le toit en lambeaux. Une avalanche de lames d'acier s'abattant sur un crâne luisant. Il étouffe un cri, écarquille les yeux. Non plus par jeu. Il est stupéfait, abasourdi. Un voile ternit son regard sombre.

— Tes cheveux ? Mon Dieu, tes cheveux… Pourquoi tu t'es rasé la tête ? Pourquoi tu…

— Tu le sais parfaitement le coupe-t-elle. Demain, c'est la fête annuelle des « jeunes filles modèles ». Et je n'en serai jamais une. Je ne veux plus être une fille. Je déteste ce foutu fichu sur ma tête, je déteste devenir une femme ! Elle fulmine.

Comme tous les ans, l'école des filles organise l'enterrement de l'enfance des fillettes qui atteignent l'âge de neuf ans. À neuf ans, elles deviennent femmes. Dès neuf ans, elles doivent respecter la suite sans fin des interdits qui frappent le sexe « faible ». Ainsi en ont décidé les autorités autoproclamées « garantes de la Loi divine ». À neuf ans, elles n'ont plus le droit de côtoyer les personnes du sexe opposé, à l'exception des membres de leur famille – père, grand-père, frères et oncles. À neuf ans, elles peuvent être légalement mariées. Elles doivent savoir que les lois promulguées interdisent, sous peine de châtiments corporels, toute fréquentation, considérée illicite, entre sexes opposés en dehors du mariage.

— À partir de demain, on ne pourra plus se voir qu'en cachette, lance-t-elle.

Sa voix tremble. Ses poings battent furieusement ses cuisses.

— Je vomis leur fête, hurle-t-elle. À partir de demain, je serai une fille-femme au foyer. Une fille-femme qui ne mettra plus le nez dehors, sinon pour venir te voir en pleine nuit ! Je ferai le mur, mais je ne remettrai plus les pieds à l'école.

Veyce est têtue. Elle tiendra parole. Adieu l'école, bonjour les fugues nocturnes. Personne, y compris sa grand-mère, n'arrive à lui faire entendre raison. Veyce poursuit néanmoins ses études en autodidacte, secondée par Ramine pour les cours de mathématiques. L'inquiétude de ses parents se transforme en panique quand ils la surprennent en ninja s'apprêtant à faire le mur. Le père adore son garçon manqué survolté, mais ne sait plus comment protéger ce petit être d'un mètre trente-cinq qui défie l'autorité et ses potentats avec la désinvolture de l'inconscience. Veyce est une tête brûlée incontrôlable. Il faut partir d'ici avant que la situation ne dégénère, décide la mère. Quitter le village, puis le pays, apparaît comme la seule solution.

— L'avenir de notre unique enfant nous importe plus que tout au monde, disent-ils aux parents de Ramine, leurs amis et voisins.

Personne, excepté ces derniers, n'est au courant de la fuite qui s'effectue en catimini. Le désert, royaume des trafiquants, est un *no man's land* sans frontière. La famille encadrée par des passeurs le traverse sans encombre. Veyce cueille les étoiles et les lance, une par une, par-dessus l'épaule. Ramine les ramassera et les préservera jusqu'à leurs retrouvailles. Celui-ci apprend la nouvelle du départ le lendemain matin. Pieds nus, en larmes, il court jusqu'à leur cabane. La lettre qu'il espère se trouve dans la cachette habituelle, sous le pot de cactus.

Notre séparation ne durera pas. Juste une question de temps. Tu viendras me retrouver en Europe. D'ici là, on reste en contact. Promis, juré. Veyce.

Ramine endure stoïquement le vide et l'absence qui le frappent au cœur.

Dès lors, grâce aux ondes, ces lutins merveilleusement subversifs que nul ne peut mettre en bouteille, Veyce et Ramine continuent leur chemin.

Dès lors, c'est déjà du passé. Un passé proche où l'enfance n'est pas encore un souvenir, juste un oubli momentané, et l'adolescence un avant-goût de la jeunesse. Enfin, depuis et suite aux « dès lors », Veyce et Ramine atteignent leurs dix-sept ans. Elle est une très belle jeune fille qui cultive son jardin secret et canalise sa révolte. Elle n'a plus à se battre pour exister. Les institutions démocratiques de son pays d'adoption lui permettent d'évoluer comme elle l'entend. Ramine, lui, possède la grâce d'un jeune athlète et l'intelligence aiguë d'un surdoué en herbe. Les ordinateurs sont les meilleurs alliés de ce prodige en informatique. Il comprend instinctivement le fonctionnement de l'intelligence artificielle. L'initié qu'il devient apprend avec une rapidité remarquable et remarquée. Mais personne ne devine que cette soif de connaissance et son application empirique sont liées à l'exil de Veyce qui le renvoie au sien propre, intérieur. Tous, y compris le directeur d'école, qui sera plus tard celui de son lycée, ignorent qu'une semaine après le départ de son âme sœur, Ramine a décidé de démonter, pièce par pièce, l'ordinateur de l'école, où il s'est introduit par effraction. Il est conscient de la gravité de son acte. Il risque gros. L'exclusion de l'école si l'affaire est traitée en interne. Un séjour en prison si les autorités judiciaires s'en mêlent. Être taxé d'espion à la solde de l'étranger est monnaie courante dans le pays quand il s'agit des boîtes à djinns. Mais le besoin de comprendre dans les moindres détails les rouages de la machine l'emporte sur le reste. Mission accomplie au bout de trois semaines. Ainsi, quand, suite à la longue bataille menée par le directeur, l'école des filles obtient à son tour un vieil ordinateur essoufflé, Ramine le technicien dépanneur est sollicité tous azimuts par ces dames d'en face. Le jeune homme, devenu indispensable, est d'une amabilité à toute épreuve et serviable à souhait. Il est aux anges. Il a atteint son but : un accès sans entrave à la salle des ordinateurs en dehors des horaires scolaires. Nul ne saura que les dérèglements qu'il gère en virtuose sont souvent de son fait. Il esquisse un sourire énigmatique quand ces dames, mines réjouies, le remercient pour les heures passées en tête-à-tête avec cet ordinateur pourri, bon à jeter. Si seulement il pouvait leur sauter au cou et les remercier à son tour pour les heures passées avec Veyce ! Oui, il aime les boîtes à djinns. Il aime la toile, l'immense baie qui s'ouvre sur le monde, lui donne accès au savoir. Rester connecté à Veyce, c'est apprendre la langue de son exil, la suivre dans les musées qu'elle fréquente, les rues où elle se balade, les restaurants où elle mange, la faculté où elle s'inscrira bientôt. Ramine est avide. Il boit à toutes les sources.

À présent, grâce au Net, Veyce et Ramine vont lancer leur projet. Un projet fou, ambitieux, grandiose, excitant : le réseau mondial de *la jeunesse égalitaire*. L'idée se précise depuis plusieurs semaines : la moitié de l'humanité vaut son autre moitié. Hommes et femmes doivent être traités en égaux. Il y va de l'harmonie du monde. Le corpus de lois égalitaires existant déjà dans les pays démocratiques est la condition *sine qua non* du vivre ensemble, même si leur application fait parfois défaut. Enfin et surtout, les lois ont peu de poids face aux mentalités archaïques. La domination masculine forgée durant les millénaires par l'exercice exclusif du pouvoir patriarcal exclut la femme des hautes sphères décisionnaires, y compris dans les pays démocratiques. Qui dit patriarcal dit patriarche, qui dit patriarche dit religions monothéistes. Et qui dit religions monothéistes dit diktat d'un Dieu à l'image de l'homme qui justifie l'infériorité de la femme et exige l'obéissance aveugle de la jeunesse envers les aînés.

Ramine se souvient des balbutiements du projet avant qu'il devienne leur obsession. Cela avait débuté par un courriel-charade. Un jeu qu'ils aimaient bien. Elle l'avait intitulé : *La roue tourne, la pourriture persiste!* Suivaient les questions qui devaient le mener à bon port : Si je te disais qu'ils – côté populations – ont vécu les mêmes horreurs que nous. Qu'ils – côté potentats – ont commis les mêmes crimes. Qu'ils – côté génies – ont subi bannissement, embastillement, torture et mort sur le bûcher. Qu'elles – toutes classes confondues – en ont bavé plus que les autres… Et si je t'accordais comme jokers – car je suis sympa – les premières lettres des deux mots, dont un nom propre symbolisant la charade (I et T), tu me répondrais quoi ?

Ramine avait mis moins d'une heure à trouver les bonnes réponses. Inquisition et Torquemada, avait-il répondu, en ajoutant : notre malheur, c'est qu'on la vit au XXIe siècle, notre sainte Inquisition. Sacré plongeon en arrière. L'idée d'un projet sur le Net avait germé peu après : rassembler les jeunes à travers le monde pour la promotion de l'égalité homme-femme garantissant la démocratisation des sociétés. Eu égard au statut de la femme à travers le monde, la tâche était immense, le défi…

Ramine sursaute. L'ordinateur clignote. Veyce est connectée.

— Coucou, me voilà. Dis-moi de combien de temps tu disposes ?

— Une misérable petite demi-heure, puisque tu es en retard, prévient Ramine.

— Alors, il faut faire vite. Depuis des semaines, on tourne en rond. On n'y arrivera jamais à distance avec tes contraintes en tous genres, sans parler des coupures, des parasites… Et tout reste à faire : contenu, buts, moyens d'action, modalités du rassemblement sur le Net. Mais je pense avoir trouvé la solution.

— Moi aussi, répond Ramine.

— Toi d'abord, tape Veyce.

— *Ladies first*, projet oblige !

— Je pense qu'on doit faire une pause jusqu'à ce que tu sortes du pays. Ton bac n'est que dans quelques mois.

— Non, il ne faut pas attendre, même à supposer que je ne sois pas retardé. Il faut faire un appel au rassemblement. Les jeunes doivent s'impliquer en proposant des options stratégiques. On échange, on coordonne, on analyse, on fait la synthèse, on opte pour les tactiques adéquates et enfin et seulement, on lance le réseau. La révolution via la toile sera en marche !

— Pas mal, Ramine. Excellente idée, ton manifeste… Reste à décliner clairement les objectifs.

Madi pointe son nez en marmonnant.

— Plus que dix minutes, mon garçon.

Les dix minutes seront consacrées aux nouvelles du village que les jeunes désertent, faute d'avenir. Veyce apprend, non sans un pincement au cœur, que le hangar a été rasé et leur cabane transformée en plaques de tôle.

— C'est un signe, écrit-elle. Je t'attends.

Ramine quitte la boutique en sifflotant. Il plane. Il pense à l'étape suivante. Créer le premier cercle de la jeunesse égalitaire dans la région avant d'attaquer la capitale. Veyce fera de même. D'ici peu, les deux premiers groupes seront connectés et puis… Il frissonne malgré le soleil du zénith qui chauffe à blanc. Sur le seuil, il se tourne vers Madi, la tête enfouie dans un sac de lentilles, et déclare mystérieusement :

— Un jour, votre boutique Internet sera mondialement connue. Ici est né un grand rêve. L'utopie du XXIe siècle.

Madi lève la tête, scrute le beau jeune homme de ses yeux en boutons de manchette. Ramine, le petit génie du village, n'a rien d'un drogué.

— L'amour te fait tourner la tête, mon garçon ?

— Oui, Madi, l'amour des femmes. Toutes les femmes. Du monde entier !

*

Veyce et Ramine est le titre d'un chef-d'œuvre de la littérature persane. Il relate l'histoire d'un amour fou à l'instar de Tristan et Iseut, Roméo et Juliette…

L'amour étant le moteur de l'humanité, il est des Roméo et Juliette contemporains comme des Veyce et Ramine. Alors, pourquoi ne pas continuer à faire vivre cette histoire ? Pourquoi ne pas se prendre au jeu de Veyce et de Ramine en participant au lancement de ce réseau ? Le moment est venu de proposer des idées afin de promouvoir les droits des femmes dans les nombreux pays où on les bafoue…

Notices biographiques

Abdalaziz Alhamza (1991) est originaire de Raqqa, la capitale autoproclamée de l'État islamique, en Syrie. Très jeune, il entre en résistance contre le pouvoir de Bachar El Assad puis, à l'arrivée de Daech, il lance un mouvement clandestin de résistance et d'information destiné à montrer au monde ce qui se passe en Syrie. Contraint de fuir vers l'Allemagne, il y poursuit son combat pour la démocratie et la liberté au Moyen Orient.

Frank Andriat (1958) est professeur de français et auteur de nombreux livres : romans, romans pour adolescents, nouvelles, essais. Passionné par le partage des différences, il dit l'importance de l'ouverture à l'autre au travers de textes humanistes, intimistes et souvent pleins d'humour.

Yahia Belaskri (1952) est un romancier et journaliste algérien pour Radio France International. Son œuvre se consacre majoritairement aux relations complexes qui lient la France à l'Algérie, à l'immigration et au dialogue interculturel dans le bassin méditerranéen.

JEAN CLAUDE BOLOGNE (1956) est un romancier belge installé à Paris. Dans son œuvre, il aime mêler érudition, histoire et fiction. Membre de l'Académie royale de langue et de littérature françaises de Belgique, il a notamment remporté le prix Rossel.

VINCENT ENGEL (1963) est professeur de littérature contemporaine à l'Université catholique de Louvain, en Belgique, et d'histoire contemporaine à l'Ihecs (Bruxelles). Au sein de ses nombreux romans et nouvelles, ses sujets de prédilection sont la mémoire des camps ainsi que l'Italie fasciste.

FARIBA HACHTROUDI (1951) est une journaliste et romancière iranienne, issue d'une famille d'intellectuels éclairés. À travers ses romans, elle raconte la souffrance et les espoirs de l'Iran et des Iraniens.

HUBERT HADDAD (1947) est un nouvelliste et poète français d'origine tunisienne. Pionnier des ateliers d'écriture et acteur engagé de la nouvelle fiction, il a remporté de très nombreux prix littéraires, dont le Renaudot poche, ou encore le Prix des cinq continents de la francophonie.

JEAN JAUNIAUX (1954) est un écrivain et journaliste belge. Rédacteur en chef de la revue littéraire *Marginales*, il aime raconter dans un style mâtiné d'ironie douce des personnages désemparés sur lesquels il jette un regard profondément empathique.

Françoise Lalande (1941) est une romancière belge. À travers son œuvre, la guerre, omniprésente, et ses voyages au Zaïre, en Colombie ou encore en Tunisie, terre qui l'influence particulièrement dans son écriture.

Fouad Laroui (1958) est un ingénieur, économiste et romancier maroco-néerlandais. Son écriture est marquée par un humour mêlé de propos profonds prononcés sur le ton de la légèreté. Il a notamment remporté le prix Jean-Giono ainsi que le prix Goncourt de la nouvelle.

Grégoire Polet (1978) est docteur en lettres et spécialiste de la littérature espagnole. Passionné par les relations humaines qui se tissent aléatoirement dans les grandes villes, il a notamment remporté le prix Rossel des jeunes en 2006 et a été retenu dans la première sélection du prix Goncourt en 2007.

Ingrid Thobois (1980) a enseigné le français en Afghanistan, a été journaliste en Haïti, observatrice électorale en Asie centrale et au Congo et bien d'autres choses encore. De retour de ces années à l'étranger, l'écriture de fiction s'impose comme moyen de raffiner les émotions brutes, insuffler du sens là où la vie, parfois, s'est montrée distraite. Depuis, elle a publié une dizaine de romans tant pour les adultes que pour les enfants et les adolescents.

Bernard Tirtiaux (1951) est un maître verrier et romancier belge. Au cœur de son œuvre, la lumière, omniprésente, et le Moyen âge. Couronné par deux fois du prix des Lycéens de littérature, il écrit également des textes de chansons qu'il interprète et dirige le théâtre de Martinrou, en Belgique.

Frédérick Tristan (1931) est un romancier et grand voyageur français. Récompensé par le prix Goncourt en 1983, il aime aborder dans son œuvre les impostures de l'histoire ainsi que les renversements de rôles.

TABLE DES MATIÈRES

Aux éditions Ker

Collection Double jeu

ANDRIAT Frank, *Les Aventures de Bob Tarlouze*

tome I : *Arrête ton baratin !*

tome II : *Mise en scène*

tome III : *Bons baisers de Kaboul*

CORNETTE Jean-Luc, *Le Pianiste, la sirène et le chevalier*

ENGEL Vincent, *Et dans la forêt j'ai vu*

HONAKER Michel, *Les Aventures de Parsifal Crusader*

tome I : *La Légende des Guerriers-Lune*

MURAIL Marie-Aude, *Pas si méchant*

RAUCY Claude, *Le Violon de la rue Lauriston*

RIVAIS Yak, *Mouche et la sorcière*

TYOU Virginie, *Cliky : l'énigme numérique*